COPIN ALBANCELLI

LA

GUERRE OCCULTE

LES SOCIÉTÉS SECRÈTES CONTRE LES NATIONS

Librairie académique PERRIN et Cie.

LA GUERRE OCCULTE

DU MÊME AUTEUR

La Franc-Maçonnerie et la question religieuse. 1 brochure in-16. (*Nouvelle édition.*)

Comment je suis entré dans la Franc-Maçonnerie et comment j'en suis sorti. 1 brochure in-16.

E. GREVIN — IMPRIMERIE DE LAGNY

COPIN-ALBANCELLI

LA
GUERRE OCCULTE

LES SOCIÉTÉS SECRÈTES
CONTRE LES NATIONS

PARIS

LIBRAIRIE ACADÉMIQUE

PERRIN ET Cⁱᵉ, LIBRAIRES-ÉDITEURS

35, QUAI DES GRANDS-AUGUSTINS, 35

1925

A mon ami et collaborateur

JEAN BERGER,

mobilisé, au début de la Grande Guerre, comme soldat de deuxième classe dans l'armée territoriale ; passé dans l'armée active sur sa demande ; sous-lieutenant au 45ᵉ bataillon de chasseurs à pied ; tué glorieusement, le 16 octobre 1916, à l'issue d'une charge victorieuse ; décoré de la Croix de guerre et de la Croix de la Légion d'Honneur ; inhumé dans le cimetière de Chuignolles-en-Santerre ;

A la multitude de ceux qui, aujourd'hui vivants ou morts, se sont offerts comme lui pour le salut de la France.

COPIN-ALBANCELLI.

AVANT-PROPOS

Les peuples ont toujours été bercés dans l'idée que, pour assurer leur sécurité, il leur suffit d'avoir des armées disciplinées, bien équipées, bien outillées, et des chefs habiles pour les commander.

C'est nécessaire, mais insuffisant.

A notre époque, les nations ont à se prémunir contre une espèce de guerre autre que celle dont les champs de bataille sont le théâtre. C'est pour elles question de vie ou de mort ; et c'est aussi question d'indépendance pour l'Humanité.

Cette autre guerre, que l'on peut appeler la guerre occulte, à cause des conditions dans lesquelles elle se fait, comporte une organisation très spéciale, un outillage approprié, ainsi qu'un art et une science actuellement aussi développés que l'art et la science militaires.

Ignorer cet art et cette science, c'est être à la merci de ceux qui les pratiquent.

Si l'Allemagne présente ce spectacle inouï d'un

peuple vaincu, désarmé, qui parvient à tenir quand même le monde en échec, ce n'est pas parce qu'elle a le droit pour elle ; car elle ne l'a incontestablement pas. Elle ne connaît que la force.

Cette force, elle ne la possède plus. Et cependant, elle ne fait que ce qu'elle veut. Bien mieux ! Elle amène ses ennemis d'hier, ceux auxquels elle a imposé la guerre mondiale, à prendre parti pour elle, contre eux-mêmes.

Si elle arrive à ce résultat, c'est parce que ceux qui la dirigent connaissent l'art et la science de la guerre occulte, et parce qu'ils les utilisent au milieu de l'ignorance générale.

Citons, à ce sujet, un témoignage dont le lecteur appréciera l'importance.

Un Américain, M. William Seaman Bainbridge, commandeur d'une association d'anciens combattants, le *Military Order of Foreing Wars*, est allé passer un mois dans la Ruhr occupée par les troupes franco-belges. A son retour aux États-Unis, il a rédigé un rapport, sur requête sénatoriale. Ce rapport a été imprimé comme document parlementaire et distribué à tous les membres du Congrès. Il se termine par la relation d'un propos que deux officiers allemands tinrent à M. Bainbridge au cours d'un autre séjour fait par celui-ci à Berlin, pendant la guerre, avant l'intervention américaine. Voici ce propos, que citait le *Matin* du 28 mai 1924.

« C'est après la guerre qu'aura lieu la lutte la plus acharnée. L'arme employée sera la propagande où nous excellons. Nous jetterons les alliés à la gorge les uns des autres, comme une meute de chiens enragés. Et, quand la France sera seule dans un coin, nous lui ferons son affaire. »

L'attitude de l'Allemagne depuis 1918 ne correspond-elle pas bien à ce qu'annonçaient au commandeur Bainbridge les deux officiers prussiens ?

« L'arme employée sera la propagande », disaient-ils ; et ils ajoutaient : « où nous excellons ».

On commence à se rendre compte en France qu'il en est bien ainsi. Nous le montrerons dans les derniers chapitres de ce livre. Mais ce qu'on ne sait pas, c'est que la « guerre par propagande » comporte un outillage et une organisation, tout comme la guerre par les armes, et que cet outillage et cette organisation se trouvent réunis dans les mystérieuses institutions qui sont désignées sous le nom de sociétés secrètes.

Les journaux français parlent beaucoup de ces sociétés depuis 1918. Très spécialement certains journaux républicains. Ils les montrent travaillant pour l'Allemagne ; mais ils ne disent pas ce qu'elles sont, parce que ceux qui utilisent ces sortes d'institutions comme moyens de lutte font ce qu'il faut pour que tout le monde demeure dans la plus complète ignorance et, par suite, dans la plus tranquille indifférence à leur sujet.

— Pourquoi, disent-ils, aller chercher des causes aussi extraordinaires que les sociétés secrètes pour expliquer les événements politiques, alors que l'ignorance, les passions, l'opposition des intérêts et même le cours naturel des choses sont des facteurs plus que suffisants ?

Et le public, même celui qui est le plus initié aux question d'ordre intellectuel, se laisse prendre à ce raisonnement.

Mais qu'est-ce donc que ce « cours naturel des choses » que l'on nous donne comme générateur des faits historiques, sinon un enchaînement de conséquences dont les sociétés secrètes servent précisément à dissimuler les véritables causes ?

On nous parle d'ignorance, de passions. En réalité, ce ne sont là que des causes secondes pour qui sait que, si certains exploiteurs introduisent des sociétés secrètes dans le monde, c'est précisément pour utiliser invisiblement l'ignorance et les passions, pour se les asservir et pour s'en faire des armes contre les peuples.

D'autre part, ces sortes d'associations sont-elles choses si extraordinaires qu'on nous le dit ?

Extraordinaires ? Elles le sont si peu qu'on en rencontre dans tous les temps et dans tous les lieux. Les annalistes en ont fait mention dès les époques les plus reculées. Ils en ont signalé dans presque toutes les civilisations antiques. De nos jours, on en trouve sur tous les continents. Il y en a, et de fort nombreuses, jusque dans les peuplades africaines. En certains pays d'Extrême-Orient, elles gouvernent, despotiquement, au besoin par la terreur. Aux États-Unis, il en est qui font grand tapage, les unes fondées dans un but de défense ou de propagande religieuse, les autres ayant la prétention d'imposer leurs conceptions politiques. Qui n'a entendu parler des catholiques *Chevaliers de Colomb* et de l' « Empire invisible » du *Ku-Klux-Klan* ? Dans toutes les nations fonctionnent des loges, des chapitres et des aréopages maçonniques. Enfin, ainsi que nous le disions tout à l'heure, des sociétés secrètes, en nombre considérable, sont signalées comme travaillant pour l'Allemagne, de même que d'autres, il y a cent vingt ans bientôt, travaillaient pour la Prusse, après Iéna. A l'intérieur du Reich, nos services de contrôle en ont surpris partout. Plus de sept cents sont exclusivement militaires. Beaucoup d'autres ont des buts divers... En faut-il plus pour montrer que les sociétés secrètes sont choses très ordinaires, et que ne pas s'occuper d'elles, c'est négliger l'un des facteurs historiques les plus permanents et les plus importants. Or, qui néglige un facteur, même infiniment petit, dans un calcul mathématique, aboutit inévitablement à un résultat faux. Il en est de même en politique et en histoire.

Voici, résumée en quelques lignes, la vérité sur les sociétés secrètes.

La lutte étant la loi de la vie, il se trouve que, dans l'espèce humaine, certains grands ambitieux sont doués pour la lutte par la force, tandis que d'autres sont doués pour la lutte par la ruse, le mensonge, la perfidie, la trahison. Les premiers, ne s'en tenant pas à la seule utilisation de leur propre force, organisent ces formations de combat qu'on appelle des compagnies, des régiments, des corps d'armée. Les seconds ne se contentant pas, eux non plus, de leur action personnelle, mais condamnés par leur principe de lutte à dissimuler, sont obligés d'avoir recours à des formations de combat d'un autre genre, les sociétés secrètes, qu'ils font manœuvrer en cachant les plus importantes derrière celles qui le sont moins et en se cachant eux-mêmes derrière toutes.

Ils luttent par la ruse, disons-nous, et la première de leurs ruses, — la première, parce que de celle-là dépend le succès de toutes les autres — c'est de faire croire qu'il n'y a pas lieu de s'occuper des organismes dont ils se servent pour combattre.

On ne les a que trop bien écoutés jusqu'ici, et presque personne ne s'en occupe en effet.

Or, tout ce qui existe doit être étudié : c'est là une règle universellement admise. Au nom de quoi cette règle ne s'appliquerait-elle pas aux sociétés secrètes?

Parce que, assure-t-on, en répétant ce qu'on a entendu dire, elles ne valent pas qu'on leur prête attention.

Comment le savoir tant qu'on ne les a pas étudiées ?

Quoi qu'il en soit, le préjugé existe, profondément enraciné jusque dans les esprits les plus curieux de vérité historique : il n'y a pas lieu, s'imagine-t-on, de s'occuper des sociétés secrètes.

C'est pour essayer de le détruire que nous écrivons ce livre.

Voici déjà bien longtemps que nous combattons dans ce but. Mais nous l'avons fait, comme beaucoup d'autres, en concentrant trop exclusivement notre attention sur la Franc-Maçonnerie. Nous n'envisagions ainsi qu'une partie d'un immense organisme, en prenant cette partie pour un tout.

La Franc-Maçonnerie fonctionne au milieu du monde profane dans le sein duquel elle se recrute directement. Elle a des groupements partout. Elle ne cache pas son existence. Elle n'est secrète, semble-t-il, que par les serments qu'elle impose à ses membres au sujet de ses prétendus mystères. C'est pourquoi des centaines d'ouvrages ont été écrits sur elle. Mais ils se contredisent sur les points les plus importants.

Cela tient à ce que les grands exploiteurs de sociétés secrètes ont besoin que, parmi toutes, il y en ait une qui soit visible à tous les yeux, mais sans que personne sache à quoi elle leur sert. Pour cela, ils l'ont camouflée comme il fallait pour que tout le monde se trompât sur elle le plus longtemps possible. Ils l'ont habillée d'une foule de fausses apparences auxquelles les chercheurs devaient fatalement se laisser prendre, ceux-ci d'une façon, ceux-là d'une autre.

Ces fausses apparences sont maintenant constatées par bien des auteurs. Mais ce qu'on a encore peine à admettre, c'est que les adeptes soient trompés comme les profanes par le camouflage dont nous parlons. Et cependant rien n'est plus vrai. On peut même dire que l'effort des initiateurs est dirigé surtout contre leurs soi-disant initiés.

L'inconnaissance de cette vérité est la principale raison pour laquelle la question maçonnique est demeurée si obscure, en dépit des certitudes que le temps a apportées peu à peu sur elle.

La constatation de ce camouflage par lequel ont été jusqu'ici trompés les adeptes comme les profanes, n'est pas seulement la condition préalable nécessaire pour la compréhension de la question maçonnique ; elle est aussi la véritable introduction à l'étude de toutes les sociétés secrètes. Tant que cette constatation n'était pas faite, tant que les fausses apparences n'étaient pas toutes déchirées comme autant de toiles peintes, et jetées de côté, les auteurs les plus résolus à ne pas se laisser rebuter par l'obscurité d'un pareil sujet étaient condamnés à hésiter, à tâtonner, sans pouvoir mettre la main sur les réalités qu'ils cherchaient.

Personnellement, nous avons fait comme tous les autres et nous avons cherché en tâtonnant comme eux.

Après vingt-cinq ans d'études, nous exposions en 1908 et 1909 une thèse qui concluait à l'origine juive de l'institution maçonnique et à l'existence d'une organisation secrète supérieure juive, à laquelle nous donnions le nom de Pouvoir occulte. Or, ce n'est plus de l'existence de ce Pouvoir occulte juif que nous nous montrons préoccupé dans le livre que nous publions aujourd'hui ; c'est de l'existence d'un Pouvoir occulte pangermaniste.

Contradiction ? Non. Mais, en raison de l'accumulation des précautions prises, nous ne pouvions découvrir la vérité que par lambeaux.

Démontrer l'existence d'une organisation destinée à rendre possible le fonctionnement d'une autorité s'exerçant invisiblement, c'était une nouveauté en 1908. C'est à la démonstration de cette nouveauté que nous nous sommes alors attaché. Nous avons ensuite cherché qui pouvait avoir introduit dans le monde chrétien une organisation si contraire à son esprit. Nous attirons aujourd'hui l'attention sur des faits qui établissent la certitude d'une guerre occulte dont les peuples sont victimes et dont la liberté du monde est l'enjeu. C'est une autre nouveauté. Elle implique, il est vrai, l'existence de plusieurs Pouvoirs occultes, c'est-à-dire de plusieurs puissances organisées pour agir — et donc, au besoin, pour combattre — invisiblement. Mais il n'y a là rien qui contredise, en quoi que ce soit, notre ancienne thèse. C'est si vrai que nous avons signalé, dès 1909, la coexistence certaine de plusieurs Pouvoirs occultes et la rivalité existant entre eux. Cette existence et cette rivalité nous apparaissent, dès alors, comme une conséquence automatique de l'organisation maçonnique.

Ce qui n'était qu'une déduction logique en 1909 devient une réalité de mieux en mieux démontrée par les événements qui se passent de nos jours. Non seulement des organisations existent, par l'effet desquelles des Puissances occultes se trouvent constituées et peuvent agir invisiblement ; mais ces organisations sont dressées les unes contre les autres, ces Puissances se combattent. Et c'est parce qu'elles se combattent que la guerre mondiale a eu lieu.

Quelle est donc, demandera-t-on, la raison de leur rivalité ?

C'est qu'elles ont toutes le même but et que chacune veut le réaliser pour son compte personnel, pour son avantage particulier. Toutes veulent la domination, l'exploitation du monde.

Ce but, chimérique il y a seulement un siècle, est parfaitement réalisable maintenant que, grâce à la vapeur, à l'électricité, au pétrole, les distances n'existent plus.

Les Puissances occultes sont en guerre pour l'exploitation du monde ; elles luttent en faisant manœuvrer des sociétés secrètes, et c'est elles qui précipitent les uns contre les autres les peuples qu'elles veulent asservir, domestiquer : voilà la constatation nouvelle dont les élites intellectuelles ont à se préoccuper, qu'elles doivent étudier, si elles veulent que l'Humanité échappe à un esclavage comparable, par certains côtés, à celui que la Rome antique était parvenue à imposer au monde alors connu. Si bien que le devoir des humanitaires, sans que ces messieurs s'en doutent, est ici d'accord avec celui des patriotes de tous les pays.

Bien des lecteurs penseront, sans doute, qu'il faudrait, avant tout, savoir si, parmi les Puissances occultes, il n'y en a pas une qui l'emporte sur les autres, et quelle est celle-là.

C'est au contraire une question oiseuse, parce que les hasards sont changeants dans la guerre occulte comme dans celle par les armes. Celui des combattants qui l'emportait hier peut donc ne pas être celui qui l'emporte aujourd'hui ou qui l'emportera demain.

C'est aussi une question dangereuse, parce qu'aucune réponse certaine ne pouvant y être faite, elle est de nature à provoquer les disputes et les divisions. Or, on ne le répétera jamais assez en France, jamais on ne le criera assez haut, jamais on ne s'en pénétrera trop : nous avons autant besoin d'union entre Français pour mettre fin à la guerre occulte, que nos héros en ont eu besoin dans les tranchées pour mettre fin à la guerre par les armes.

Ce sur quoi nous devons, pour l'instant, concentrer notre attention, c'est le double fait que nous venons d'énoncer, celui qui est la nouveauté d'aujourd'hui : les Puissances organisées occultement se combattent comme se combattent les chefs d'armées, et la guerre qu'elles se font n'a qu'un but : l'exploitation des peuples. Voilà de quoi le monde souffre, comme souffre la France : parce qu'il est, sans qu'il s'en doute, un champ de bataille et un enjeu.

Cette réalité une fois mise en lumière, il nous restera à exposer la science et l'art de la guerre occulte. Et ce sera une troisième nouveauté, la plus utile au point de vue pratique, celle à laquelle les deux premières doivent aboutir, pour le bien de l'Humanité.

Non, certes, qu'il faille apprendre aux peuples à pratiquer cet art et cette science. Il s'agit, au contraire, de leur fournir la preuve que, *s'ils tolèrent au milieu d'eux le libre fonctionnement des sociétés secrètes*, instruments nécessaires de la guerre occulte, ils n'échapperont pas à l'asservissement. Cette guerre est, en effet, toute de fourberie. Elle doit donc assurer inévitablement l'infériorité aux multitudes, et la supériorité aux quelques individus qui sont capables de mentir, de tromper et de trahir avec le plus de cynisme.

La puissance de ces êtres exceptionnellement doués pour la fourberie est rendue formidable par une organisation comportant un système de sélections superposées qui a pour effet automatique de pousser les pires au sommet et de réduire les meilleurs au rôle de collaborateurs aveugles jusque dans les plus détestables besognes. C'est cette organisation qu'il s'agit d'annihiler, parce qu'ainsi les Seigneurs de la guerre occulte se trouveraient désarmés sans qu'on ait besoin de découvrir qui ils sont, ni quel est le plus fort, ni à quelles collectivités nationales ou internationales ils appartiennent.

traire, de leur fournir la preuve que, *s'ils tolèrent au milieu d'eux le libre fonctionnement des sociétés secrètes*, instruments nécessaires de la guerre occulte, ils n'échapperont pas à l'asservissement. Cette guerre est, en effet, toute de fourberie. Elle doit donc assurer inévitablement l'infériorité aux multitudes, et la supériorité aux quelques individus qui sont capables de mentir, de tromper et de trahir avec le plus de cynisme.

La puissance de ces êtres exceptionnellement doués pour la fourberie est rendue formidable par une organisation comportant un système de sélections superposées qui a pour effet automatique de pousser les pires au sommet et de réduire les meilleurs au rôle de collaborateurs aveugles jusque dans les plus détestables besognes. C'est cette organisation qu'il s'agit d'annihiler, parce qu'ainsi les Seigneurs de la guerre occulte se trouveraient désarmés sans qu'on ait besoin de découvrir qui ils sont, ni quel est le plus fort, ni à quelles collectivités nationales ou internationales ils appartiennent.

un

LA GUERRE OCCULTE

PREMIÈRE PARTIE

LA QUESTION DES SOCIÉTÉS SECRÈTES POSÉE PAR LES FAITS

CHAPITRE PREMIER

LETTRE A M. LLOYD GEORGE, PREMIER MINISTRE D'ANGLETERRE

Lorsque fut constitué le ministère Poincaré, au commencement de 1922, le nouveau chef du gouvernement français, pressé par le gouvernement anglais de s'expliquer sur les questions qui allaient être discutées à la Conférence de Gênes, demanda qu'on voulût bien lui laisser le temps de la réflexion. M. Lloyd George, alors « Premier » d'Angleterre, trouva ce désir excessif et, dans un de ses discours, il critiqua acerbement, en des termes qui ne laissaient aucun doute sur la personnalité qu'il visait, les hommes politiques qui, disait-il, refusaient de tenir compte des réalités et de les discuter publiquement.

Nous prîmes alors la liberté de lui adresser la lettre suivante dont il voulut bien nous accuser réception.

Paris, 28 février 1922.

A Son Excellence Monsieur Lloyd George,
Premier Ministre d'Angleterre.

« Monsieur le Premier Ministre,

« Dans un récent discours qui avait trait à la Conférence de Gênes et qui, tout en visant certains de vos adversaires politiques anglais, répondait aussi à la déclaration lue à notre Parlement par le nouveau ministère Poincaré, vous avez parlé, en les critiquant vivement, des hommes politiques « qui refusent de tenir compte des réalités ». « Il y a, avez-vous dit, des personnes qui n'ont jamais fait face à une réalité. Il est bon de les contraindre à le faire de temps à autre. » Et vous avez ajouté : « Tous ceux qui désirent anxieusement la paix doivent avoir le courage de s'engager dans la seule voie qui mène à la paix et ils devraient être en faveur des discussions publiques. »

« Je me sens, Monsieur le Premier Ministre, plus qu'autorisé par ces paroles à vous adresser, aussi respectueusement que démocratiquement, la présente lettre, parce que j'ai à vous y signaler une de ces « réalités » dont l'examen public vous paraît être le devoir des hommes politiques. Mais c'est une réalité dont tous les gouvernements se détournent, le vôtre comme les autres, bien que, pourtant, elle domine actuellement le monde.

« Voici ce dont il s'agit.

« Depuis une dizaine d'années, en Angleterre, en France et dans d'autres pays, les journaux de toute opinion ont fréquemment signalé à leurs lecteurs l'action de certains organismes sociaux, qu'ils appellent des sociétés secrètes. Sans les définir autrement, ils les montrent fonctionnant toujours et partout au profit de l'Allemagne ; travaillant, avant 1914, au développement de la puissance allemande en même temps qu'à la préparation de la guerre ; tendant, une fois les hostilités engagées, à l'affaiblissement ou à la désunion des alliés ; enfin s'acharnant, depuis la signature de l'armistice, à répandre toutes les propagandes pouvant avoir pour conséquence l'annulation des charges les plus légitimement imposées aux agresseurs vaincus.

« Aux informations fournies à ce sujet par les journaux se sont joints les renseignements recueillis par des hommes politiques appartenant également à tous les pays et à tous les partis. Des ambassadeurs même ont cru utile de rédiger des notes sur cette question. Celui d'Angleterre à Berlin, par exemple, signalait à son ministre des affaires étrangères, en février 1914, l'existence d'une société secrète fonctionnant avec l'appui du gouvernement allemand et ayant pour but d'influencer la presse étrangère au profit de l'Allemagne. Ce document et bien d'autres du même genre ne vous sont évidemment point inconnus.

« Peut-être, parmi tous les renseignements ainsi recueillis, certains sont-ils exagérés, inexacts, peut-être même faux. Mais devant une telle accumulation, se continuant durant des années et provenant de sources si diverses, il n'y a pas de doute possible, au moins sur un point, à savoir : que l'existence des sociétés secrètes qui travaillent pour l'Allemagne constitue l'une de ces « réalités » qui appellent l'attention de tous les hommes d'État dignes de ce nom, et qui, affirmez-vous, exigent la discussion publique. Alors, Monsieur le Premier Ministre, pourquoi n'en parlez-vous pas ?

« Remarquez que nos chefs politiques français commencent, eux, à s'inquiéter sérieusement de cette réalité.

« En juin 1919, M. Georges Leygues, alors ministre de la marine, dénonçait du haut de la tribune de la Chambre ce qu'il appelait « la conjuration des forces mauvaises et occultes déchaînées contre la France ». En juillet 1921, l'un de nos anciens ministres de la guerre, M. André Lefèvre, dans un discours également prononcé à la Chambre, affirmait l'existence d'un gouvernement occulte allemand fonctionnant derrière le gouvernement visible et obligeant celui-ci à l'obéissance. M. Poincaré, Président de la République pendant la guerre, et qui, à ce titre, s'est trouvé en situation de voir tant de choses demeurées invisibles pour le commun des mortels, M. Poincaré, dans les journaux et les revues où il a multiplié les articles destinés à éclairer la France, a maintes fois signalé des organisations travaillant occultement à rendre vaines les stipulations du Traité de Versailles. « Conjuration des forces mauvaises et occultes », « gouvernement occulte », « organisations travaillant occultement », ce ne sont là que d'autres dénominations données à ces organismes sociaux vulgairement appelés « sociétés secrètes ».

« Et d'ailleurs, voici que le même M. Poincaré, redevenu chef du gouvernement français et parlant à la Chambre, le 17 février 1922, a employé les expressions « organisations secrètes », « sociétés secrètes » pour désigner ces associations dont les membres se sont emparés par la force, en Haute-Silésie, de matériel de guerre qu'ils ont fait passer sur le territoire du Reich, et ont assassiné nos soldats.

« Il apparaît donc que, sur ce point tout au moins, nos hommes d'État craignent moins que vous, Monsieur le Premier Ministre, de se mettre en face des réalités, puisque vous n'avez jamais soufflé mot jusqu'ici de ces sociétés secrètes qui semblent pourtant bien constituer d'autres armées mobilisées par l'Allemagne pour annihiler la victoire militaire à l'organisation de laquelle vous avez si grandement participé.

« Les socialistes, eux aussi, se préoccupent des sociétés secrètes. Eux aussi, ils osent en parler et un grand nombre d'entre eux vont jusqu'à manifester leur réprobation contre ces louches organismes. Dans les derniers congrès socialistes français d'avant-guerre, des controverses furent plus d'une fois soulevées sur le point de savoir si le parti socialiste pouvait admettre que certains des siens fissent partie de la société secrète maçonnique. La même question se trouva posée au congrès général socialiste italien d'Ancône, en avril 1914. Elle fut l'objet d'un vote et vous devez vous rappeler le résultat de celui-ci : 27.378 voix répondirent qu'un socialiste ne pouvait pas adhérer à la Franc-Maçonnerie, en raison du serment de secret auquel cette institution contraint ses membres ; 1.919 voix seulement (une contre quinze, à peine,) exprimèrent une opinion contraire ; tandis que 2.485 (tournant, comme vous, le dos aux réalités,) demandaient que la question ne fût pas posée.

« La guerre est venue. Le bolchevisme a été installé en Russie. Il a fait une propagande inouïe au sein des masses socialistes des pays vainqueurs de l'Allemagne. S'il a échoué, c'est parce que ces masses, gardées jusqu'ici par l'instinctive et loyale simplicité populaire, ont répondu aux bolchevistes : nous sommes prêts à faire front avec vous contre le capitalisme mondial, mais c'est à condition que vous supprimerez toute organisation secrète, telle la « tcheka », et que vous renoncerez au « noyautage ». Inutile, n'est-ce pas, de vous dire que le « noyautage » n'est qu'un procédé d'organisation qui permettrait l'établissement d'une dictature occulte sur les masses ouvrières, au profit d'une société secrète directrice, inconnue de ceux-là mêmes qu'elle contraindrait à l'obéissance.

« Donc nos ministres français, même ceux qui sont ou ont été francs-maçons, s'inquiètent de l'existence et de l'action des sociétés secrètes ; existence et action qui sont maintenant des réalités politiques constatées de la manière la plus indubitable et que certainement vous ne vous aviserez pas de nier. De leur côté, les socialistes contestent la légitimité de cette existence et de cette action. Et vous, vous faites semblant d'ignorer. Vous vous taisez.

« Votre silence est d'autant plus surprenant que, comme chef du gouvernement anglais, vous rencontrez partout, depuis un certain temps, des sociétés secrètes qui font échec à l'Angleterre.

« Pour ne parler que des circonstances les plus importantes, vous en avez vu, avant la guerre, qui ont arraché la Turquie à l'influence anglaise et qui ont mis ce pays en état de complète vassalité vis-à-vis de l'Allemagne. Vos journaux ont été les premiers à signaler le fait lorsqu'il s'est produit. Plus tard, il s'en est fallu de peu que d'autres sociétés secrètes réussissent la même manœuvre en Grèce. D'autres encore, en faisant triompher le bolchevisme en Russie, ont produit la rupture du cercle de fer par lequel l'Allemagne provocatrice était enserrée et elles ont, par contre-coup, failli déterminer au printemps de 1918, l'effondrement des armées anglo-françaises. En Égypte, en Perse, dans votre empire des Indes et jusque chez vous, en Irlande, vous êtes aux prises avec des sociétés secrètes ennemies de la puissance anglaise.

« Et devant cette réalité contre laquelle vous vous épuisez, l'homme d'État que vous êtes n'ose pas parler, lui qui se fait honneur de regarder les réalités en face et qui veut qu'on en discute publiquement.

« Comment expliquer une pareille inconséquence ?

« C'est bien simple, répondent quelques-uns de ceux auxquels certaine partie de l'histoire des sociétés secrètes n'est pas étrangère ; M. Lloyd George a la langue liée. Il ne peut pas parler de cette question, lui, Premier Ministre d'Angleterre, alors que la dite Angleterre a introduit chez la plupart des peuples la plus internationale de toutes les sociétés secrètes, la Franc-Maçonnerie ; alors qu'elle se sert probablement de cette société secrète et peut-être aussi d'autres pour les besoins de sa politique dans le monde.

« Permettez-moi de m'attarder un peu sur cette explication assez généralement admise.

« Je ne suis pas de ceux qui adressent pareil reproche à l'Angleterre, parce que je ne le vois appuyé sur aucune certitude. Des possibilités, oui ; des probabilités, peut-être. Mais si je m'en tiens aux certitudes (et il est impossible, dans cette question des sociétés secrètes plus que dans aucune autre, d'arriver autrement à la découverte de la vérité,) voici ce que je trouve au sujet des rapports entre l'Angleterre et la Franc-Maçonnerie.

« Il est certain que, peu de temps après la mort de Francis Bacon (1626), une étude trouvée, dit-on, parmi les papiers de ce philosophe, en même temps homme politique et même ancien chancelier d'Angleterre, fut publiée sous son nom et avec le titre : *Nova Atlantis*. L'auteur de cette étude imaginait la fiction que vous savez. Il supposait une île dont les habitants étaient gouvernés par une société secrète. Cette société secrète créait des filiales à l'étranger. Elle était renseignée par les membres de celles-ci sur le fort et le faible de chaque peuple. Par l'intermédiaire de ces mêmes filiales, elle agissait sournoisement sur les nations rivales, de manière à mettre l'une ou l'autre, à un moment donné, dans un état d'infériorité dont elle pouvait profiter pour l'attaquer.

« Il est également certain que, moins de vingt ans après la publication de l'étude dans laquelle était exposé ce système de lutte internationale, la Franc-Maçonnerie spéculative avait fait son apparition en Angleterre et qu'elle manifestait certains des caractères indiqués dans *Nova Atlantis*. Par exemple, elle affectait un but d'étude, mais en réalité elle s'occupait de politique. Nous en avons la preuve dans ce fait, parfaitement connu, que lors de votre Révolution de 1648, des loges tenaient pour les Stuarts, tandis que d'autres combattaient pour Cromwell.

« Il est encore certain que dans la première moitié du xviiie siècle, cette Franc-Maçonnerie spéculative anglaise franchissait le détroit, et qu'elle était installée en France et dans d'autres pays par des Anglais qui fondaient des groupements appelés loges, sous les auspices de mères-loges anglaises. Ces mères-loges anglaises étaient données aux nouveaux initiés des autres pays comme seules en possession d'une certaine doctrine, soi-disant héritage d'une prétendue sagesse antique transmis à travers les âges par d'autres sociétés secrètes. Seules, par conséquent, disaient les initiateurs anglais, les mères-loges anglaises pouvaient créer de véritables ateliers maçonniques. Et ils spécifiaient que toute loge qui ne provenait pas d'elles était « irrégulière », lançant ainsi une sorte d'excommunication préventive propre à écarter toute concurrence venant d'un autre pays. Il résultait de là que les loges répandues dans les nations européennes étaient subordonnées à une influence directrice anglaise ; et, puisqu'il s'agissait d'enseignement, cette influence pouvait exercer une action intellectuelle avantageuse ou funeste dans l'une ou l'autre de ces nations. C'était donc bel et bien l'application du système des sociétés secrètes filiales dont le modèle se trouvait tracé dans *Nova Atlantis*.

« Enfin, il est maintenant prouvé que dans plusieurs pays, les loges maçonniques, après une

période d'installation plus ou moins longue, finirent
par s'occuper de politique. Il en fut ainsi particulièrement en France, où elles jouèrent un rôle dans
nos révolutions, comme avait fait la Franc-Maçonnerie anglaise dans la Révolution d'Angleterre.

« Tel est l'ensemble des faits certains.

« Or cet ensemble ne nous donne nullement le
droit de conclure que l'Angleterre fut l'initiatrice
de l'entreprise. Il montre que des Anglais ont agi.
Mais qu'était-ce que ces Anglais ? Que représen-
taient-ils ? L'Angleterre ? Je vois plutôt de fortes
probabilités dans le sens contraire ; par exemple,
celle qui résulte de la particularité que je notais tout
à l'heure : pendant la Révolution d'Angleterre certaines loges tenaient pour les Stuarts et d'autres pour
Cromwell. Dès cette époque, par conséquent, c'est-
à-dire à peine vingt ans après la publication de
Nova Atlantis, ce qui régnait dans la Franc-Maçonnerie, ce n'était pas la pensée de l'Angleterre, c'était
deux pensées anglaises, non seulement différentes,
mais mortellement ennemies. L'institution maçonnique n'était donc déjà qu'une arme utilisée par les
partis.

« C'était peut-être autre chose encore. Car lorsque
des hommes fondent une société secrète, il se peut
qu'ils aient le désir sincère de la mettre au service
de la collectivité nationale, religieuse ou politique,
au sein de laquelle ils l'implantent. Mais il se peut
aussi que, mûs par leur égoïsme, ils aspirent au
contraire à s'emparer subrepticement de la force et
des ressources de cette collectivité, pour les mettre
au service de leur ambition. Et cela, au moyen précisément de la société secrète qu'ils fondent. N'allons pas croire, en effet, que les guerriers soient

seuls à désirer gouverner et exploiter leurs semblables. Certains fourbes, qui ne se sentent ni doués
ni outillés pour la lutte par la force, n'en sont pas
moins travaillés par le besoin de domination et
d'exploitation ; et, tout naturellement, ils usent d'organisations appropriées à leur génie de fourberie.
Ces organisations, au lieu d'être des régiments, sont
des groupements dont le but, la composition et
quelquefois l'existence sont dissimulés dans la mesure du possible ; ce sont les sociétés secrètes.

« Quelle était la vraie pensée des Anglais qui
transformèrent les anciens groupements de Franc-
Maçonnerie corporative en Franc-Maçonnerie spéculative, et quelle était la vraie pensée de ceux qui,
plus tard, introduisirent cette Franc-Maçonnerie spéculative dans la plupart des nations d'Europe ? Voilà
ce qu'il faudrait savoir. Et c'est précisément ce sur
quoi l'on n'est pas renseigné.

« Et d'ailleurs, eussions-nous la certitude que les
uns et les autres avaient pour but l'accroissement de
la puissance anglaise, nous ne serions pas pour cela
fondés à conclure qu'ils agissaient au nom de l'Angleterre, qu'ils représentaient celle-ci. Ils pouvaient
tout aussi bien agir de leur propre initiative. Pour
trancher la question, il faudrait des preuves. Elles
font défaut.

« Une seule indication : la politique maçonnique,
observe-t-on, a été, dans bien des circonstances, conforme à l'intérêt anglais.

« Dans bien des circonstances, c'est vrai. Pourtant, pas toujours. Et c'est assez pour qu'on ne puisse
conclure avec certitude.

« Un point seul est hors de contestation, celui-ci :
Ce sont des Anglais qui ont introduit la Franc-Ma-

çonnerie dans les autres pays d'Europe et en Amérique.

« Mais c'est assez pour qu'on soit en droit de se dire : Puisqu'il s'est trouvé un Anglais pour imaginer le système de lutte internationale exposé dans *Nova Atlantis*, puisqu'il s'en est trouvé d'autres pour transformer la Franc-Maçonnerie, puis d'autres encore pour l'exporter dans les conditions indiquées dans cette même *Nova Atlantis*, pourquoi ces derniers n'auraient-ils pas eu des continuateurs et pourquoi, aujourd'hui même, ne se trouverait-il pas encore des Anglais pour chercher à utiliser les sociétés secrètes dans l'intérêt anglais ? Pourquoi même ne seriez-vous pas de ceux-là, vous, monsieur le Premier Ministre ?

« Il n'y a rien d'offensant dans une pareille supposition. Nous avons, en France, nos francs-maçons qui se servent de la Franc-Maçonnerie comme moyen de lutte politique à l'intérieur. En face d'eux, nous avons des catholiques qui créent des sociétés secrètes pour la défense du catholicisme. La plupart de ces catholiques sont d'un dévouement très pur et ils croient pouvoir recourir à ce moyen de combat sans déchoir moralement. La fin, pensent-ils, justifie le moyen. Ce qu'ils se permettent pour le service de leur foi religieuse, pourquoi des patriotes anglais ne se le permettraient-ils pas tout aussi bien pour le service de leur pays ? Si la fin justifie le moyen d'un côté, elle le justifie aussi de l'autre. J'irai plus loin : à supposer que l'Angleterre officielle use du même système, elle serait fondée à dire à ceux qui le lui reprocheraient : pourquoi pas moi, comme ceux-ci et ceux-là ? Et toutes les autres nations, y compris l'Allemagne, sont fondées à tenir le même langage sans que les catholiques qui s'engagent de leur côté dans leurs sociétés secrètes aient rien à y répondre.

« Reste à savoir quelles peuvent bien être les conséquences. Ceci est une autre question. Revenons à celle qui nous occupe.

« Si l'Angleterre use des sociétés secrètes ou si vous en usez vous-même, on comprend que vous puissiez éprouver quelque gêne à poser la question devant l'aréopage des chefs de peuples. Mais allez-vous vous laisser dominer par cette gêne, vous qui vous dites l'homme des réalités, alors que certains de nos francs-maçons français ont le courage de passer outre ?

« Les faits sont là, monsieur le Premier Ministre. Ils vous pressent. La société secrète s'infiltre partout. Alors que des catholiques de France y ont recours pour la défense du catholicisme (il y en a d'ailleurs en Amérique et en Irlande, qui font de même), les francs-maçons français, de leur côté, usent de la Franc-Maçonnerie pour lutter contre le même catholicisme ; les chefs russes du bolchevisme préconisent et pratiquent le système des sociétés secrètes pour le triomphe de leur cause ; et, par-dessus tout, les Allemands se servent de ces mêmes sortes d'associations pour remplacer leurs armées vaincues. Que conclure de là ? Qu'incontestablement les sociétés secrètes sont des formations de combat, tout comme les régiments. Or on parle partout de désarmement. Pourquoi cette question du désarmement ne se pose-t-elle pas à propos des dites sociétés?

« D'autre part, la société secrète est une arme que certains se disputent, mais que d'autres ont en horreur. Or il y a, dans les guerres par la force, des armes dont la conscience des peuples admet l'usage et il y en a d'autres qu'elle réprouve. Des congrès internationaux se réunissent pour discuter de cela. Pourquoi n'envisagent-ils pas le cas des sociétés secrètes ? Vous ne vous en mettez pas en peine. Mais prenez garde. Il est impossible que ces points d'interrogation ne se dressent pas devant les peuples, et de plus en plus à mesure que les idées démocratiques se répandent davantage. Devant les peuples, dis-je, et devant la conscience de l'Humanité tout entière. De qui donc, en effet, se cachent les sociétés secrètes, sinon d'eux et d'elle ? Alors, pourquoi celle-ci et ceux-là ne finiraient-ils pas par concevoir les plus légitimes défiances contre ces organismes occultes ? Oui, monsieur le Premier Ministre, prenez garde. Vous êtes à la veille du jour où, de ce chef, les foules demanderont des comptes aux hommes politiques, où elles leur diront : nous vous avions constitués nos bergers ; pourquoi ne nous avez-vous pas défendues ?

« Quand bien même je me tromperais dans ce pronostic, il n'en resterait pas moins ceci. Vous constatez à toute heure l'action de ces sociétés secrètes qui travaillent avec acharnement pour l'Allemagne contre le monde, hier vainqueur par les armes, mais aujourd'hui en fort mauvaise posture parce qu'il a à résister à un genre d'offensive qu'il ne connaît pas. Cette action, dénoncée par les journaux, par des hommes politiques dont certains sont des francs-maçons français, par des ambassadeurs, constitue bien ce que vous appelez une réalité. C'est elle que j'ai considéré comme utile de mettre sous les yeux de l'homme qui a tenu le langage que je rappelais au début de cette lettre.

« Vous avez affirmé qu'il était bon de « contraindre de temps à autre » à se mettre en face des réalités les personnes qui leur tournent le dos.

« Je me suis fait un devoir d'obéir à votre recommandation.

« Vous avez ajouté : « Tous ceux qui désirent anxieusement la paix doivent avoir le courage de s'engager dans la seule voie qui mène à la paix et ils devraient être en faveur des discussions publiques. »

« Alors, monsieur le Premier Ministre, si vous voulez tenir compte des conseils que vous donnez comme je l'ai fait moi-même, vous allez avoir à proposer aux hommes d'État que vous rencontrerez à Gênes une discussion publique sur la question de ces sociétés secrètes par l'action desquelles le Pangermanisme rend l'après-guerre plus dangereux que la guerre, si atroce qu'elle ait été.

« Vous voulez anxieusement la paix ? Il faut donc que vous vous engagiez dans la seule voie qui, avez-vous dit, mène à la paix.

« Peut-être allez-vous maintenant trouver, à votre tour, comme M. Poincaré, que des hommes politiques ne doivent pas trop se hâter et que les discussions publiques ont besoin d'être soigneusement préparées...

« Soit! Mais vous ne vous en trouverez pas moins, dès maintenant, devant l'alternative suivante :

« Ou bien M. Lloyd George engagera sur la question des sociétés secrètes, dans le plus bref délai possible, cette discussion publique qu'il réclame sur d'autres sujets, et, en ce cas, il pourra continuer à dire qu'il n'a pas peur de faire face aux réalités ;

« Ou bien il persistera dans le silence qu'il a gardé jusqu'ici, et alors il perdra tout droit de fustiger ses partenaires en leur reprochant une peur des réalités dont il donne lui-même un si frappant exemple.

« Veuillez agréer, monsieur le Premier Ministre, l'expression de mes respectueux sentiments. »

« Copin-Albancelli. »

CHAPITRE II

FAITS A L'APPUI DE LA LETTRE A M. LLOYD GEORGE

Sociétés secrètes pro-allemandes. — Les témoignages émanant de certains de nos ministres corroborés par ceux qu'apportent fréquemment des journalistes et des hommes politiques républicains, parmi lesquels figurent des francs-maçons. — Républicains et socialistes allemands assassinés par les membres de sociétés secrètes pangermanistes protégées par le gouvernement du Reich. Révélations contenues dans un ouvrage allemand : *Deux années d'assassinats*. — La question des sociétés secrètes posée aux États-Unis. Le Ku-Klux-Klan. — L'Angleterre considérée comme menacée, par le vice-roi des Indes parlant devant le duc de Connaught.

Nous n'attendions pas de réponse à la longue lettre qu'on vient de lire. Tout au plus pouvions-nous espérer l'accusé de réception qui nous fut envoyé.

Nous ne nous figurions pas non plus que M. Lloyd George, cédant à notre suggestion, irait poser la question des sociétés secrètes à la Conférence de Gênes. Nous savions qu'ou bien il ne comprendrait pas, ou bien il ferait semblant de ne pas comprendre.

Nous n'avions pour but que de mettre l'un des chefs de gouvernement de l'Entente, s'il voulait bien nous lire, en face des contradictions et des inconséquences auxquelles sont condamnés les hommes politiques qui ignorent ou feignent d'ignorer l'existence d'une question à laquelle les destinées du monde sont actuellement attachées. Et si nous nous adressions à lui plutôt qu'à un autre, c'est parce que ce chef de gouvernement qui se plaisait à donner des leçons au nôtre, nous semblait, dès cette époque, en avoir plus besoin que personne.

Déjà, pour la même raison, nous avions, en 1917, adressé une série de lettres à M. Clemenceau, alors à la tête de ceux qui faisaient opposition au gouvernement français ; et nous avons publié ces lettres comme nous publions aujourd'hui celle à M. Lloyd George, en raison des droits et des devoirs que nous considérons comme impartis à chaque citoyen français, de par le régime démocratique. Nous montrions à celui que tout le monde considérait comme le grand logicien du parti radical, l'inconséquence dont il avait fait preuve toute sa vie, lui aussi, en ne disant jamais un mot de la Franc-Maçonnerie. Mais nous nous placions à un autre point de vue.

Vous vous êtes toujours donné, disions-nous au directeur de l'*Homme Enchaîné*, comme le champion inflexible de l'idée démocratique. Or la démocratie française a été outrageusement trompée. Le gouvernement de la France lui a été subtilisé. Et par qui ? Par une société secrète ; c'est-à-dire par un organisme social dont l'existence est en opposition absolue avec les principes démocratiques. De qui se cachent, en effet, les membres d'une société secrète ? De tous ceux qui ne font pas partie de leur association, c'est-à-dire de la nation. Celle de ces sociétés qui s'est emparée du gouvernement de la

France n'a jamais reçu aucun mandat à ce sujet. Elle est donc usurpatrice. C'est la Franc-Maçonnerie. Il est impossible que vous n'en ayez pas entendu parler. Ses adeptes sont dénommés « les Enfants de la Veuve ». Il semble qu'à lui seul, ce qualificatif bizarre aurait dû provoquer vos sarcasmes. Comment se fait-il que vous qui fûtes, durant trente ans, la terreur des hommes politiques français, vous dont le souffle a renversé tant de ministères composés de francs-maçons, vous n'ayez jamais fait la moindre allusion à cette qualité maçonnique qui était commune à presque tous nos gouvernants ? Comment n'avez-vous jamais soufflé mot de l'association à laquelle ils appartenaient et qui, par leur intermédiaire, gouvernait subrepticement la France ? Comment « Le Tigre » est-il demeuré aussi craintif sous le regard de « la Veuve » qu'un vulgaire matou devant le balai d'une concierge [1] ?

Si de nos lettres à M. Clemenceau nous avons été amené à notre lettre à M. Lloyd George, c'est parce que des faits d'une importance considérable obligent quiconque raisonne à envisager la question maçonnique sous un aspect nouveau.

Ces faits, disions-nous au premier ministre anglais, sont établis par des informations publiées depuis quelques années, dans des journaux de toute nuance et par des témoignages venant d'écrivains ou d'hommes politiques de tous les pays et de tous les partis ; informations et témoignages qui s'accordent pour dénoncer l'action d'une multitude de sociétés secrètes travaillant pour l'Allemagne, celles-ci d'une façon, celles-là d'une autre.

---

1. *Une correspondance adressée à M. Clemenceau. A la Renaissance française, 42, rue de Bellechasse, Paris.*

Il s'agit donc, non plus seulement de la Franc-Maçonnerie, mais d'autres organismes qui ont avec elle ce point commun, le secret.

Nous n'avions pas à entrer dans les détails auprès de M. Lloyd George, mieux placé que personne pour être exactement renseigné à ce sujet. Nous devons, au contraire, nous y arrêter ici.

Il est inutile d'insister sur la haute portée des affirmations auxquelles nous avons fait allusion et qui furent émises par MM. Georges Leygues, André Lefèvre et Poincaré. L'ancien Président de la République parlait comme Président du Conseil et il est le premier chef responsable du gouvernement français qui aura eu l'honneur de dénoncer, du haut de la tribune de la Chambre, l'action des sociétés secrètes dans la formidable complication des difficultés en face desquelles se trouve la France, depuis l'armistice du 11 novembre 1918. Peut-être est-ce cela qu'on ne lui a jamais pardonné.

M. Georges Leygues avait ouvert la voie comme ministre. Car c'est en tant que ministre de la Marine et en réponse à une interpellation relative aux actes d'indiscipline commis sur quelques-uns des navires français envoyés dans la Mer Noire que, le 14 juin 1919, il terminait son discours par cette phrase, bien faite pour surprendre, à cette époque, dans la bouche d'un Secrétaire d'État : « Après avoir gagné la guerre, il faut pour gagner la paix, vaincre la conjuration des forces mauvaises et occultes déchaînées contre la France. »

Quant à M. André Lefèvre, voici les paroles qu'il

prononçait à la Chambre le 11 juillet 1921 : « Je ne crois pas à la solidité du ministère Wirth, à sa puissance. Je pense qu'il y a derrière lui, au-dessus de lui, un gouvernement occulte, que vous connaissez bien, qui va de Stinnes à Ludendorf, inspirant une administration composée des anciens chefs de service des ministères. » (Texte du *Journal Officiel*.)

Et le chef du gouvernement, M. Aristide Briand, qui, sur bien des points, contestait les renseignements apportés à la tribune par l'ancien ministre de la guerre, ne contredisait pas sur ce point-là.

Après ces attestations ministérielles, voici quelques-uns des autres témoignages dont il était question dans notre lettre à M. Llyod George.

Les premiers d'entre eux datent de la Révolution jeune-turque qui rendit le gouvernement de Constantinople vassal de celui de Berlin. Les journaux et revues d'Angleterre établirent alors que cette Révolution fut organisée par des sociétés secrètes fonctionnant en Turquie, dévouées en apparence à ce pays, mais en réalité soumises à l'influence allemande.

Lorsque survint la guerre des Balkans, ce fut le tour de l'un de nos principaux journaux français, *le Temps*, d'établir, en un article documenté aux meilleures sources, que les désastres subis par la Turquie étaient la conséquence de l'état d'esprit résultant de la propagande faite dans ce pays, avant la guerre, par des associations occultes. *Le Temps* montrait en outre que la France s'était vue menacée du même danger en raison d'une certaine action maçonnique qu'avait révélée l'affaire des fiches. D'après le grand journal républicain, la Franc-Maçonnerie française se trouvait donc avoir travaillé, consciemment ou non, contre la France et pour l'Allemagne.

C'est contre la France et pour l'Allemagne qu'ont également travaillé, directement ou indirectement, les sociétés secrètes dont il est question dans chacun des alinéas suivants.

Lorsque la guerre de 1914 fut engagée, un moment vint où les Alliés eurent à poursuivre de difficiles négociations pour empêcher la Grèce de se laisser entraîner dans l'orbite allemande. Les gouvernements de l'Entente appelèrent alors l'attention du gouvernement grec sur certaines associations secrètes fonctionnant en Grèce, grecques d'apparence, mais agissant pour le compte de l'Allemagne. Notons ici que, parmi les membres de ces gouvernements alliés, plusieurs appartenaient à des sociétés de même nature, notamment dans le gouvernement français, composé en majorité de francs-maçons. Ils devaient savoir de quoi ils parlaient.

Le 12 septembre 1916, M. Laskine, professeur agrégé de l'Université, socialiste, citait dans *le Matin* des textes empruntés aux agents de la Social-Démocratie allemande, textes par lesquels ces agents recommandaient à leurs sous-agents de « former des organisations secrètes » afin de « propager la solidarité universelle dans les tranchées ».

Le 21 février 1918, le sénateur Henry Bérenger s'élevait, dans le journal *Paris-Midi*, contre l'organisation occulte allemande que dénoncèrent nos chefs militaires, après qu'elle se fut manifestée dans nos armées par des incidents qui, s'ils s'étaient généralisés, auraient assuré la victoire de nos ennemis. Le sénateur Henry Bérenger figure, comme tant d'autres de nos hommes politiques, sur les documents maçonniques. Il a été franc-maçon zélé. L'accusation formulée par lui est donc particulièrement significative.

Lorsqu'eut lieu le soulèvement de l'Irlande contre l'Angleterre, en pleine guerre, la presse alliée a signalé l'existence et l'action sur la terre irlandaise de sociétés secrètes ayant l'appui de l'Allemagne.

Dès le début des travaux de la Conférence de la Paix, les représentants des Tchéco-Slovaques à Paris avertirent la presse française qu'une nouvelle société secrète s'organisait en Allemagne, dans le but de reconstituer des cadres pour la future armée allemande.

Les avis donnés par les représentants des Tchéco-Slovaques se sont trouvés corroborés par des notes émanant des généraux allemands, notes qui tombèrent aux mains des alliés et dont certaines furent publiées. L'œuvre ainsi préparée en secret dès cette époque s'achève d'ailleurs aujourd'hui au grand jour.

Le 16 septembre 1919, le correspondant à Genève du *Morning-Post* révélait la fondation récente de plusieurs sociétés secrètes dans les États baltes, entre autres la *Nordische-Gesellschaft* à Riga, composée principalement de barons allemands, et la *Neue-Heimat* à Mitau. L'objet de ces sociétés, expliquait le correspondant, est de travailler à la restauration de la monarchie en Allemagne et en Russie, et de préparer une étroite alliance entre les deux pays pour reprendre la lutte à outrance contre l'Entente. Elles sont généreusement subventionnées par Bleischroeder, Mendelsohn, Krupp, Siemens-Schuckert, l'Allgemeine Electricitaets Gesellschaft, etc... D'autres associations composées d'éléments russes de droite, sous l'inspiration de Keller, Stinnes et du prince Lieven, coopèrent avec les sociétés secrètes allemandes et promettent, en retour de l'aide financière qu'elles reçoivent des mêmes sources, d'obtenir la cession de terres russes pour l'établissement de colonies allemandes.

Notre lettre à M. Lloyd George fait mention du rapport d'un ambassadeur d'Angleterre à Berlin. Les révélations que contenait ce rapport, daté du 27 février 1914, avaient trait à « une puissante association secrète fondée sous le contrôle du gouvernement (allemand) en vue d'influencer la presse étrangère dans l'intérêt du commerce extérieur allemand et de l'influence allemande en général ». (Texte officiel.)

L'ambassadeur d'Angleterre à Berlin, le socialiste Laskine, le sénateur franc-maçon Henry Bérenger, les représentants tchéco-slovaques, les gouvernements alliés et des organes importants de la presse anglaise et française se sont ainsi trouvés d'accord, depuis plusieurs années, pour dénoncer l'action des sociétés secrètes travaillant dans des pays divers, tantôt d'une manière, tantôt d'une autre, mais toujours au profit de l'Allemagne.

L'ambassadeur d'Angleterre allait même plus loin, puisqu'il parlait du contrôle du gouvernement allemand sur celle de ces sociétés qu'il signalait à son gouvernement.

Voici encore deux circonstances, assez particulières, dans lesquelles des groupements secrets ont agi d'une façon qui se trouvait correspondre à l'intérêt de nos ennemis, dans le cas où la guerre éclaterait, comme il est arrivé.

Quelques années avant 1914, on vit se produire une certaine propagande panceltique qui n'avait pas de raison sérieuse apparente, mais qui, en fait, ne tendait à rien moins qu'à couper la France et l'Angleterre en deux tronçons, l'un celtique, l'autre non celtique, c'est-à-dire à provoquer, dans chacun des deux pays, une division forcément avantageuse à l'Allemagne. Or, des groupes secrets se consacraient à répandre cette propagande et ils s'inspiraient, comme par hasard, des élucubrations d'un savant allemand. Il se trouva d'ailleurs, qu'au cours de la guerre, ce dernier fut suspecté d'espionnage en Angleterre.

Un autre Allemand, Steiner, s'efforça de créer un schisme dans la société théosophique qui passe, aux yeux de certains, pour une organisation contrôlée par la police secrète anglaise et mise par celle-ci au service de l'Angleterre. Steiner opérait en introduisant au sein de la Théosophie des propagandistes organisés secrètement, et l'on sut plus tard qu'il travaillait pour le compte du Pangermanisme comme agent chargé de susciter dans les milieux théosophiques un courant favorable à l'Allemagne.

Lors de la crise politique qui éclata en Tunisie au mois d'avril 1922, le *Matin* écrivait, à propos de l'origine du mouvement :

« Retenons ces deux éléments : une cour beylicale rêvant du passé, un parti jeune tunisien rêvant de pouvoir. Constatons que depuis un certain temps ce parti était devenu fort actif ; il avait rompu avec l'aile modérée des réformistes ; il avait lié partie publiquement avec les communistes et *préparait son action dans l'ombre des sociétés secrètes*. »

Et, de son côté, le correspondant de l'*Écho de*

Paris, affirmait nettement que les mots d'ordre « venaient de Berlin et de Moscou ».

Quelques personnes objecteront peut-être que les auteurs de ces informations ont été influencés par les événements qui se sont déroulés de 1914 à 1918 et que c'est la raison pour laquelle ils accusent tous l'Allemagne. Mais cette supposition se trouve infirmée par cela seul que certains des renseignements ci-dessus ont été fournis dès avant la guerre. Leurs auteurs ne pouvaient donc être influencés par le souvenir de celle-ci.

Au surplus, ce que nous avons à remarquer, c'est le fait que, quelles que soient la source et la tendance des informations citées, nous trouvons dans toutes l'indication du même moyen, du même instrument, de la même formation toujours employée au profit des pangermanistes : la société secrète.

Nous avons observé que des francs-maçons français figurent parmi les auteurs de ces informations. Ce qui donne une valeur particulière à leurs attestations, c'est que la plupart d'entre eux persistent à considérer la Franc-Maçonnerie comme une institution de progrès, uniquement préoccupée de l'évolution de l'Humanité vers la justice, ayant puissamment contribué à la Révolution dont ils se proclament les fils et dont ils se sont réclamés pour arriver au pouvoir. De tels accusateurs ne peuvent être soupçonnés d'un sentiment préconçu contre le principe de l'organisation secrète.

Par les témoignages que nous venons de rassembler, le lecteur peut se rendre compte que l'action occulte allemande s'exerce partout et qu'elle envisage les objectifs les plus divers. Il va maintenant constater que tous les moyens sont bons pour les sociétés secrètes pangermanistes. Elles ne reculent devant rien ; pas même devant l'organisation, la préparation et l'exécution des assassinats les plus féroces et les plus lâches.

Le 17 août 1921, le journal *Excelsior* publiait les révélations que nous allons reproduire. Il s'appuyait sur une feuille allemande, le *Berliner-Tageblatt*, qui venait de dévoiler, en se basant sur des documents sûrs, l'existence d'une ligue secrète fonctionnant en Allemagne sous le nom de *Bund der Ringelmannen*, ou *Ligue de la Table Ronde*.

Ce Bund, disait le journal français, mérite de retenir l'attention en ce qu'il fait partie de l'organisation policière allemande. Tout nouveau membre de cette société doit signer la déclaration suivante : « Je m'engage à soutenir de toutes mes forces toute action des *Ringelmannen* et à garder à ce sujet un *secret absolu*. Les infractions seront réprimées par les plus dures peines contre l'honneur. »

Le premier maréchal des logis Buchholz s'étant indigné des procédés criminels employés par ce Bund et les ayant dénoncés fut, pour ce fait, assassiné le 15 juin 1921 ; et, grâce à l'organisation secrète, son meurtrier ne fut jamais découvert.

Excelsior exposait en outre ce qui suit :

« Cette organisation est l'agent exécutif du pouvoir occulte de la réaction. Car, concurremment au gouvernement légal du docteur Wirth, il s'est constitué Outre-Rhin un deuxième gouvernement. C'est ce gouvernement, dont les cellules irradient jusque dans les bureaux des ministères, qui tient tous les fils du *Heimat-dienst*, qui a fondé l'Orgesch (organisation militaire secrète) et en entrave le désarmement. C'est lui qui dirige ouvertement le *Selbstschutz* haut-silésien (organisation secrète) et qui patronne l'œuvre du général Hoefer. C'est à son instigation qu'ont surgi partout les corps francs : *Oberland, Rossbach, Anloch*, etc... (toutes organisations secrètes), et c'est ce gouvernement dont les animateurs les plus connus sont Stinnes, Ludendorff et Helfferich...

« Dès 1919, la *mano negra* réactionnaire s'est préoccupée de dresser une liste très exacte de ses adversaires politiques les plus dangereux. Cette liste, qui se trouvait à l'hôtel Éden, à l'époque bastion des monarchistes et des corps francs, fut baptisée la *Moerderliste*, c'est-à-dire la liste de ceux qui étaient voués à l'assassinat.

« On n'a pas oublié la féroce tuerie de Rosa Luxembourg et de Liebnecht, les coups de revolver du comte Arco sur le valeureux Kurt Eisner, le massacre de Hugo Haase, chef du parti socialiste indépendant, le meurtre par des soldats de la Reichswer du pacifiste notoire Hans Paasche, les attentats contre le démocrate pacifiste Hellmus von Gerlach et le médecin juif berlinois Dr Hirschfeld, et plus récemment l'assassinat du chef des socialistes indépendants berlinois, l'infortuné Gareis, coupable d'avoir dénoncé à la tribune de la Diète les agissements de l'Orgesch. »

L'écrivain allemand E.-J. Gumbel cite, dans son ouvrage : *Deux années d'assassinats*, trois cent vingt-neuf victimes d'assassinats politiques, dès le mois de mars 1921. Dans trois cent quatorze cas, les assassinés appartenaient au parti démocratique, quinze seulement au parti pangermaniste. Or, sur les trois cent quatorze dont les démocrates ont été les victimes, il n'y a eu que six condamnations (sur lesquelles une seule capitale qui fut commuée dans les vingt-quatre heures). En revanche, sur les quinze assassinats commis par les partis de gauche, il y eut huit condamnations capitales. Cent soixante-dix-sept années de travaux forcés et de prison ont été réparties entre les sept restant, soit une moyenne de vingt-cinq ans pour chacun.

Le professeur Nicolaï faisait remarquer, dans sa préface au livre de Gumbel, que presque tous les chefs de l'extrême-gauche ont été tués, tandis qu'aucun leader de la droite n'avait encore été frappé.

Qu'en pensent les meneurs révolutionnaires français ? Vont-ils continuer à affirmer aux masses inéclairées que le Pangermanisme est mort, tout au moins qu'il est réduit à la plus complète impuissance et qu'il n'y a plus que le socialisme pour compter en Allemagne ?

Donc, toujours et partout, des sociétés secrètes travaillent pour nos ennemis. Avant la guerre, elles préparaient la victoire du Pangermanisme. Elles préparent sa revanche après sa défaite. Nous ne sommes pas seul à le constater. *Le Temps* des 5 et 24 novembre, 7 et 21 décembre 1923 publiait une suite d'études, dans lesquelles le lieutenant-colonel Reboul passait en revue toutes les organisations militaires secrètes auxquelles les chefs du Pangermanisme ont recours pour préparer une guerre de revanche.

Et l'opinion demeure indifférente à l'existence et à l'action de ces organisations !

Nous pourrions ajouter bien d'autres témoignages à ceux que nous venons de grouper. Mais à quoi bon multiplier les accusations lorsque nous avons à enregistrer l'aveu des accusés ? Cet aveu existe et c'est encore *le Temps* qui nous a mis à même de le constater.

Ce journal rendait compte, le 27 mai 1924, d'un incident qui s'était produit, quelques jours avant, à la Chambre saxonne.

Un député socialiste était monté à la tribune pour y donner lecture d'un rapport émanant du ministère de la Reischwer, et écrit pour servir de base à un procès en haute trahison intenté à M. Zeigner, l'ancien chef du gouvernement socialiste en Saxe. Le prétendu crime reproché à M. Zeigner était exposé comme suit dans ce rapport :

« Le prévenu a fait des déclarations, d'abord dans une assemblée du parti socialiste au commencement de 1923, ensuite dans une séance de la Chambre saxonne, le 19 octobre 1923, sur certaines organisations secrètes, sur leur éducation militaire, sur les liens qui existent entre elles et les services officiels de la Reichswer, et sur la tolérance et l'encouragement qu'elles auraient trouvé chez le gouvernement du Reich. »

Et le rapport formulait cette constatation :

« Toutes ces données auraient dû, pour le bien du Reich, être tenues secrètes. »

Dire que « toutes ces données auraient dû, pour le bien du Reich, être tenues secrètes », c'est reconnaître qu'elles sont conformes à la réalité. Et c'est le reconnaître encore bien mieux que d'intenter un procès n'ayant d'autre base que celle-là.

Cet aveu du gouvernement allemand n'est pas le seul, car la Cour Suprême de Leipzig a engagé, elle aussi, des poursuites pour haute trahison contre l'auteur de l'ouvrage intitulé *Conspirateurs*. Et la raison de ces poursuites, c'est la reproduction dans un journal viennois de certains fragments de ce livre concernant l'organisation secrète Rossbach.

De tels procès sont dans la logique de la situation où se trouvent les hommes qui imposent à l'Allemagne leur dictature occulte. Si ces hommes ont recours aux sociétés secrètes, c'est parce qu'ils considèrent le secret comme une arme redoutable ; mais redoutable seulement tant que ce secret n'est pas compromis. Plus de secret, plus d'arme. Alors, comment ne feraient-ils pas l'impossible pour que cette arme ne leur soit pas arrachée ? Comment ne commettraient-ils pas tous les abus de pouvoir et, au besoin, tous les crimes contre ceux qui, en les dénonçant, menacent de la briser entre leurs mains ? C'est pourquoi, en intentant des procès basés sur le seul fait de la divulgation de ses accointances avec les sociétés secrètes, le gouvernement du Reich donne la preuve la plus certaine que celles-ci sont bel et bien des armes dont il se sert, dont il ne veut pas qu'on l'empêche de se servir.

Il prouve même encore autre chose.

Étant donné que, dans la guerre occulte, la première règle est que les vrais chefs n'agissent jamais par eux-mêmes vis-à-vis du monde profane, ce n'est certainement pas le gouvernement du Reich qui conduit cette guerre occulte en Allemagne et dans les autres pays. Si ce gouvernement prend ostensiblement l'initiative des poursuites, c'est qu'il n'est pas le véritable initiateur. Il n'est que l'agent d'exécution d'un gouvernement occulte qui se cache derrière lui, qui le contraint à l'obéissance : celui-là précisément que dénonçait M. André Lefèvre, du haut de la tribune de la Chambre, face au Président du Conseil, M. Briand, qui ne le démentait pas.

Voici longtemps qu'a été constatée, pour la première fois, l'intervention des sociétés secrètes dans la politique intérieure de la France. Après que cette même intervention a fini par se manifester dans notre politique extérieure, la voici qui apparaît dans la politique intérieure d'autres pays, en particulier dans celle des États-Unis, où l'on commence à se préoccuper des agissements d'un groupement occulte contre lequel le Président Harding prenait vigoureusement parti un mois avant sa mort, et qui prétend imposer ses vues au public américain, tout en se cachant de lui.

A ce propos, on lisait ce qui suit dans *le Temps* du 3 octobre 1923.

« *La guerre au Ku-Klux-Klan.* — A la suite de la lutte engagée par le gouverneur de l'État d'Oklahoma contre la société secrète du Ku-Klux-Klan et contre la Chambre basse, soupçonnée d'être influencée par elle, deux forces armées se trouvent en présence. Les députés, auxquels le gouverneur a interdit de tenir séance, ont organisé pour aujourd'hui des élections spéciales dans l'État, afin de demander,

par voie de referendum, que la Chambre se réunisse
pour mettre le gouverneur en accusation.

« Celui-ci a remanié le bureau électoral et le
nouveau bureau vient de prononcer l'interdiction des
élections. Le gouverneur a déclaré qu'il avait donné
l'ordre de mobiliser cent mille soldats et qu'une
garde citoyenne armée est actuellement en voie de
constitution à l'effet d'empêcher aujourd'hui les
élections. »

Cent mille hommes mobilisés par l'autorité officielle pour la défense des droits du peuple américain contre une de ces institutions jugées jusqu'ici
inexistantes par les uns, inoffensives et ridicules par
les autres !

Et voici, pour finir, une dépêche dont la gravité
n'échappera à personne. Elle a été publiée par le *Matin* du 21 janvier 1925. Sous ce titre : *Les sociétés
secrètes dans l'Inde sont une menace pour l'Angleterre.*

« DELHI. (*via Londres.*) 20 janvier. — *Le gouvernement de Londres se trouve aujourd'hui en face
de nombreux problèmes, dont l'un, — non des
moindres — est constitué par les sociétés secrètes
aux ramifications innombrables qui existent dans ce
pays.*

« Ce grave avertissement a été donné aujourd'hui
par Lord Reading, vice-roi des Indes, dans le discours qu'il a prononcé à l'inauguration de la nouvelle session de l'Assemblée législative.

« Lord Reading a déclaré encore qu'il était absolument nécessaire « d'empêcher le gouvernement,
la justice et l'ordre d'être paralysés. »

« Parmi les personnages qui assistaient à la cérémonie, on remarquait le prince et la princesse Ar-

thur de Connaught, ainsi que sir Robert Horne, ancien chancelier de l'Échiquier, conservateur. »

Dira-t-on, après cela, que nous exagérons, en prétendant que la question des sociétés secrètes est posée par les faits ?

Elle l'est en France. Elle l'est en Angleterre, d'où sont partis les émissaires qui introduisaient, au XVIII° siècle, la franc-maçonnerie dans presque tous les pays d'Europe. Et qui la dénonce ? Un vice-roi des Indes, parlant dans l'assemblée législative devant un membre de la famille royale.

Elle l'est aussi aux États-Unis, et nous l'y voyons envisagée comme il convient. D'un côté, l'ensemble des citoyens défendu publiquement par le chef du gouvernement. De l'autre, une association qui se cache et qui prétend faire prévaloir sa volonté sur celle de la nation.

Telles sont bien, en effet, les conditions du problème.

Les sociétés secrètes ne sont à notre époque et surtout dans une démocratie, que des formations de combat dirigées par des chefs inconnus contre l'ensemble des citoyens. C'est donc tout particulièrement dans les démocraties que ce genre d'association devrait être interdit sous les peines les plus sévères. On n'y a pas encore pensé. Si l'on n'y prend garde, les démocraties périront comme ont déjà péri tant de monarchies. Et sur les ruines des unes et des autres s'établira la dictature des Puissances organisées occultement.

DEUXIÈME PARTIE

LE CAS PARTICULIER
DE LA FRANC-MAÇONNERIE

CHAPITRE III

UNE ÉNIGME

Que faut-il entendre par société secrète ? — Étrange contradiction dans la Franc-Maçonnerie française. — Les francs-maçons, maîtres du gouvernement de la République, ont multiplié durant trente ans, avant 1914, les mesures et les procédés les plus propres à diviser la France et à l'affaiblir ; mais une fois la guerre engagée, ils l'ont continuée jusqu'à ce que l'Allemagne fût vaincue. — Réaction du sentiment français en face du danger national, dans tous les partis et jusque dans les milieux maçonniques. — Un grand drame historique. La France victime, depuis un siècle et demi, de tentatives d'empoisonnement intellectuel dont l'initiative est due à des influences étrangères et ennemies. — La Franc-Maçonnerie, intermédiaire inconsciente, est l'instrument servant à la pernicieuse inoculation. — Comment l'âme française résiste victorieusement. Deux exemples : la Révolution et la Grande Guerre.

Si les sociétés secrètes en sont venues à manifester si universellement leur action pro-pangermaniste, nous ne pouvons plus nous dispenser de les étudier.

Mais où trouver les éléments d'une pareille étude?

Les sociétés secrètes se cachent. On ne sait d'elles que ce qu'elles ne parviennent pas à dissimuler. Il en est qu'on ne fait qu'entrevoir ; et, à la réflexion, on se rend compte qu'il doit y en avoir dont l'existence est totalement inconnue.

Mieux encore : la société secrète n'est même pas définie. Ceux-ci la conçoivent d'une façon, et ceux-là d'une autre. De sorte que plus on en parle et moins on s'entend. La confusion est d'autant plus grande que les membres des sociétés qui se cachent ne manquent jamais d'affirmer que celle dont ils font partie n'est pas une vraie société secrète.

C'est ce que prétendent, en particulier, les francs-maçons, lorsqu'ils parlent de la Franc-Maçonnerie. Notre association, disent-ils, est répandue dans le monde entier. Nulle part, elle ne cache son existence. Des milliers de publications lui ont été consacrées. Comment peut-on l'accuser d'être secrète ? Société discrète, simplement, suggèrent certains d'entre eux ; tandis que d'autres, allant un peu plus loin, veulent bien concéder que c'est « une société qui a des secrets ». Mais quelle est la différence entre une société secrète, une société discrète et une société qui a des secrets ? Ils se gardent bien de l'expliquer.

Ils ne le savent d'ailleurs pas, attendu que, comme nous venons de le dire, la définition de la société secrète n'existe pas.

Alors, nous qui employons cette expression jamais précisée : société secrète, qu'entendons-nous par là ? C'est ce que nous devons commencer par expliquer.

Nous observons que parmi les associations, certaines présentent cette singularité : elles exigent de leurs membres des promesses ou des serments de secret, sur le but du groupement, ou sur sa composition, ou sur ce qui s'y passe, ou sur telle ou telle particularité les concernant. Nous considérons comme sociétés ordinaires celles dans lesquelles pareille obligation n'existe pas, et comme sociétés secrètes celles dans lesquelles elle est imposée.

Serment ou promesse de secret : c'est la marque distinctive ; d'autant plus caractéristique lorsque le but affirmé semble plus innocent.

Lorsque nous en viendrons à étudier l'organisation des sociétés secrètes, nous verrons d'ailleurs que cette obligation au secret est précisément la base de la dite organisation. C'est elle qui en fait la force. C'est par elle qu'un groupement qui compte un nombre de membres absolument infime peut devenir maître de la collectivité, religieuse, politique ou nationale sur laquelle il est greffé, sans que celle-ci se rende compte de la domination qu'elle subit. Notre définition se trouve ainsi parfaitement justifiée.

Parmi les associations qui imposent à leurs membres l'obligation du secret, la Franc-Maçonnerie est à la fois la plus répandue et la moins inconnue. Il est logique qu'au début d'une étude sur l'obscur problème qui résulte de l'existence et du fonctionnement des sociétés secrètes, nous portions nos investigations sur cette institution maçonnique, en profitant des découvertes déjà faites à son sujet.

Tout d'abord une première question se pose.

De nombreuses sociétés secrètes sont dénoncées

comme travaillant ou ayant travaillé pour l'Allemagne. La Franc-Maçonnerie doit-elle être comptée parmi celles-là ?

Nous avons parlé d'un article publié par *Le Temps* pendant la guerre balkanique, dans lequel était signalée l'action néfaste de la Franc-Maçonnerie en France, au point de vue national. D'autre part, nous avons constaté, par les témoignages cités dans notre précédent chapitre, que les francs-maçons français figurent parmi les dénonciateurs de l'action occulte en faveur de l'Allemagne. Alors donc que certains membres de l'institution maçonnique accusent l'action pro-allemande d'autres sociétés secrètes, il se trouve que celle dont ils font partie est elle-même accusée.

Le Temps était-il fondé à parler comme il l'a fait dans la circonstance que nous avons rappelée ? Est-il vrai que la Franc-Maçonnerie ait travaillé pour l'Allemagne ? En ce cas, que faut-il penser de l'attitude prise par les francs-maçons que nous voyons se faire les accusateurs des sociétés secrètes pro-allemandes ?

Disons tout de suite que les allégations du *Temps* étaient parfaitement justifiées. Elles étaient d'ailleurs appuyées, nous l'avons signalé, sur une documentation qui ne laissait place à aucun doute.

La Franc-Maçonnerie, association secrète internationale, a fait en France besogne allemande et elle s'est livrée à cette besogne non pas accidentellement, mais au contraire d'une manière étrangement persistante. Car, en particulier durant le quart de siècle qui précéda la Grande Guerre, elle a constamment travaillé à affaiblir la France, et même à la désarmer.

Mais les conditions dans lesquelles elle l'a fait sont telles qu'incontestablement les francs-maçons français, par l'intermédiaire desquels était accomplie la besogne antifrançaise, ne se rendaient pas compte de la portée de leurs actes. Ils étaient certainement trompés. Et même, l'expression est insuffisante ; ils ont été trahis au sein de la Franc-Maçonnerie.

Cette dernière circonstance est d'une telle importance et, en même temps, elle est en si radicale opposition avec les idées généralement admises, que nous ne pouvons nous dispenser de fournir sur ce point une démonstration complète.

La Grande Guerre une fois terminée par la défaite allemande, voici la singulière énigme devant laquelle se sont trouvés les spécialistes de la question maçonnique.

Lorqu'ils envisageaient l'ensemble des actes politiques de la Franc-Maçonnerie en France pendant les vingt-cinq ou trente années d'avant-guerre, ils constataient que cette association, après s'être rendue maîtresse de la République, avait fait tout ce qu'il fallait pour que la supériorité militaire de l'Allemagne fût assurée. Ils croyaient donc avoir toutes raisons de considérer les francs-maçons français comme des traîtres vis-à-vis de la France. Or la conduite de ces derniers, une fois les hostilités engagées, donne un démenti formel à cette supposition.

Si les francs-maçons français avaient eu la pensée de livrer la France à l'Allemagne, comme leur politique des années d'avant-guerre pouvait le faire croire, rien ne leur était plus facile que d'achever leur œuvre de trahison au début de la lutte. Les moyens ne leur manquaient pas. Il y en avait un, entre autres, dont l'effet eût été immédiat et dont on n'eût pas songé à les rendre responsables. Il consistait à laisser se produire des troubles qui eussent mis obstacle à la mobilisation. L'assassinat de Jaurès en offrait l'occasion, juste au moment voulu. A défaut de ces troubles, il suffisait même de laisser les anarchistes libres de commettre quelques actes de sabotage qui auraient entravé les transports de troupes.

Tout le monde craignait alors de semblables actes de la part des communistes et même des socialistes. Si tels ou tels de ces incidents s'étaient produits, l'indignation publique se serait tournée contre leurs auteurs immédiats, et les francs-maçons auraient échappé à toute responsabilité. D'ailleurs, l'Allemagne victorieuse, presque sans avoir combattu, n'aurait-elle pas su protéger ceux grâce à la secrète connivence desquels une telle victoire lui eût été procurée à si bon compte ? Or aucun trouble ne se produisit. La mobilisation ne fut nullement gênée. Les transports de troupes s'effectuèrent sans aucun des incidents que l'on craignait. Qui croira que les choses eussent ainsi marché si le gouvernement n'avait pris les mesures nécessaires avec la plus grande promptitude ; mesures de toute nature, y compris les pressions exercées sur les chefs communistes ?

Le gouvernement, ne l'oublions pas, était encore alors entre les mains d'hommes appartenant à la Franc-Maçonnerie. Le ministre de la Guerre, en particulier, ainsi que le Président du Conseil, étaient deux « Enfants de la Veuve », comme la majorité de leurs collègues et presque tous les membres du parti radical et radical-socialiste qui régentait le Parlement. Il est donc certain que dès qu'ils n'eurent plus de doutes sur les intentions allemandes, les francs-maçons français prirent une attitude en opposition directe avec la politique qu'ils avaient suivie durant plus de vingt-cinq ans ; et cela, alors qu'ils se trouvaient aux prises avec les difficultés effroyables résultant de cette politique.

Immédiatement ils s'efforçaient, autant qu'ils le pouvaient, de faire face partout. Ils entraînaient les socialistes et l'Angleterre par l'ordre de recul de nos armées à dix kilomètres en deçà de la frontière, afin d'établir indiscutablement que la provocation ne venait pas de notre côté. En même temps, ils adressaient aux catholiques les plus véhéments appels à « l'union sacrée ». Ils avaient recours à la presse de tous les partis pour exalter le patriotisme. Après avoir tout fait jusqu'à la dernière minute, pour sauver la paix, ils manifestaient, sans doute possible, que puisqu'ils n'avaient pu y réussir, ils étaient résolus à défendre la France et à se défendre eux-mêmes, à repousser l'envahisseur, à le vaincre.

Ce n'est pas tout. Alors qu'aux yeux d'un grand nombre de Français — et même aux yeux de nos ennemis — le gouvernement républicain, de par son organisation et ses principes, passait pour incapable de faire la guerre, les francs-maçons, qui avaient entre les mains la direction des rouages gouvernementaux, coordonnaient et raidissaient toutes les forces du pays ; ils transformaient en un immense chantier militaire la France privée des ressources industrielles de ses plus riches départements. Eux, les humanitaires, les pacifistes, les antimilitaristes, ils soutenaient la lutte durant plus de quatre années pour permettre à nos alliés d'amener sur les champs de bataille le nombre d'hommes, de canons, de mitrailleuses, d'avions et de chars d'assaut nécessaires. Puis, une fois les combattants et les instruments mis au point où ils auraient dû être en 1914, celui qu'on considérait comme le pire d'entre eux, celui que leurs doctrines avaient pénétré jusqu'aux moelles et qui, à ce titre, leur appartenait, Clemenceau, le sceptique destructeur de tout idéal, qui apparaissait à beaucoup comme la personnification même du régime maçonnique, Clemenceau que Déroulède avait souffleté jadis, en pleine Chambre, de cette injure « Vous êtes l'homme de l'Étranger », Clemenceau prenait le pouvoir, prêchait le sacrifice comme il fallait le prêcher, frappait les traîtres comme il fallait les frapper et « faisait la guerre » comme il fallait la faire pour obliger l'Allemagne à ployer les genoux, à demander grâce.

C'était à n'y pas croire et, pour beaucoup de Français, c'est encore à n'y rien comprendre. Pourtant, les faits sont là. Nous ne pouvons, sans mauvaise foi, les nier. Nous ne pouvons non plus fermer les yeux sur eux sans faire preuve d'une humiliante faiblesse d'esprit. Nous devons nous imposer le devoir d'en trouver l'explication.

Pour cela, nous avons à préciser tout d'abord aussi exactement que possible les conditions dans lesquelles ils se sont produits.

Beaucoup de francs-maçons ont combattu pour la France sur les champs de bataille avec une abnégation aussi complète que les autres citoyens. Tout le monde le sait et des milliers de soldats et d'officiers catholiques, qui mettent la vérité au-dessus de tout, sont là pour l'affirmer. Beaucoup d'autres francs-maçons, parmi ceux qui restèrent à l'arrière, ont confessé, dans les premiers mois de la guerre, la faute qu'ils avaient commise en divisant la France par leurs fureurs antireligieuses. Il y en eût aussi qui, réagissant de toutes leurs forces contre leurs anciennes idées et contre les états d'esprit qu'ils avaient contribué à créer, se sont efforcés de pratiquer l'union sacrée dans les tranchées et d'en faire comprendre la nécessité aux plus sectaires de l'arrière. On objecte qu'ils n'étaient peut-être pas sincères. Admettons-le. En ce cas, ils auraient menti pour augmenter leurs chances de victoire. Rien ne montrerait mieux qu'ils n'avaient pas dessein de livrer la France à l'Allemagne.

C'est d'ailleurs eux qui avaient préparé la situation diplomatique grâce à laquelle a pu être construit le formidable faisceau d'alliances sous lequel l'Allemagne a fini par succomber.

Pour être complètement juste, on doit ajouter que si le service de trois ans a été rétabli en temps utile, c'est parce qu'un certain nombre de sénateurs et députés francs-maçons y ont puissamment aidé et même ont pris la tête du mouvement.

Impossible, par conséquent, d'admettre que les francs-maçons français aient voulu assurer la victoire de l'Allemagne.

Pour avoir une pareille pensée, il aurait d'ailleurs fallu qu'ils fussent devenus fous ; fous au point de piétiner tout ce qui leur était cher : leurs sentiments, leurs convictions, leur intérêt.

En effet, républicains et démocrates, ils avaient imposé à la France un gouvernement républicain démocratique ; tandis que l'Allemagne, qui avait à sa tête un autocrate, était enchaînée à la Prusse, où le suffrage universel n'existait pas.

Athées et fanatiquement anticatholiques, ils étaient parvenus à faire une République à leur image. Ils avaient organisé une propagande telle que la moitié de la France était devenue athée et anticatholique comme eux. Quant au gouvernement, son athéisme était officiel. En Allemagne, au contraire, le Kaiser parlait sans cesse au nom de Dieu, dont il se prétendait le délégué sur la terre.

Humanitaires, ils avaient réussi à faire de l'humanitarisme une sorte de religion à laquelle les masses socialistes françaises adhéraient avec ferveur ; tandis qu'en Allemagne, le militarisme régnait souverainement et insolemment.

On peut dire des deux pays, France et Allemagne, qu'ils représentaient, au mois d'août 1914, deux conceptions politiques absolument opposées. Nos ennemis eux-mêmes l'affirmaient dans les déclarations les plus retentissantes. Ils se sont donnés, au début et au cours de la guerre, comme les champions des idées conservatrices et monarchiques. Ils traînaient le très catholique Empire d'Autriche à leur remorque. Ils déclaraient la France condamnée par la Divinité, qui les avait chargés, assuraient-ils, de nous châtier, puis d'organiser le monde et de le gouverner. Si l'Allemagne était parvenue à réaliser les projets de ses chefs, c'en était fait du rêve de République universelle qu'on disait, et que d'aucuns prétendent encore être celui de la Franc-Maçonnerie. Nous eussions au contraire été obligés de subir l'établissement d'un Impérialisme mondial, au profit de la monarchie et de l'oligarchie prussiennes.

Faut-il rappeler quelques-unes des déclarations allemandes dont nous venons de parler ?

Citons alors la feuille pangermaniste de Berlin, *Les Dernières Nouvelles*, qui, après trente-quatre mois de guerre, écrivait cette phrase que reproduisait l'*Information* du 10 juin 1917 : « La puissance dominante de l'Allemagne sur le monde sera le plus sûr moyen d'arrêter le flot démocratique. » *La Deutsch Tages Zeitung* proclamait, dans un article signalé par *Le Figaro* du 8 juillet de la même année, que l'Allemagne est appelée à devenir la citadelle de l'idée monarchique en Europe et que seul, ce rôle peut faire sa grandeur et sa force dans l'avenir.

Elle reconnaissait le même jour que, dans la guerre actuelle, l'Entente lutte pour le principe démocratique, tandis que l'Allemagne lutte pour le principe autocratique. Les francs-maçons français n'avaient-ils pas là de bien puissantes raisons pour désirer que l'Allemagne ne pût jamais prendre le pas sur la France ?

Mais il en existait une qui était de nature à augmenter la force de toutes les autres : c'est que leur intérêt se trouvait engagé et qu'il s'accordait complètement avec leurs opinions.

En effet, le gouvernement républicain, démocratique et athée qu'ils avaient donné à la France, c'est eux qui en étaient les maîtres. Pourquoi l'auraient-ils livré volontairement aux Prussiens ou à d'autres ?

Peu à peu, ils étaient arrivés à sentir leur puissance si bien assise qu'ils s'en enorgueillissaient entre eux. Nous n'avons pas à citer ici les nombreux documents qui le prouvent, parce qu'ils ont été publiés dans maints ouvrages ; en particulier dans le si remarquable *Rapport sur la Pétition contre la Franc-Maçonnerie* qui a été rédigé par le député de Paris, Prache, en 1902, pour la Commission des Pétitions de la Chambre. Ils se résument en ce mot : « l'État, c'est nous ! » qui fut prononcé dans un Convent par un franc-maçon dont les journaux eurent plus tard l'occasion de parler, parce que, dans sa conviction que l'État, c'était lui, il avait usé pour son usage personnel des fonds de la caisse publique régionale dont il avait la gestion, comme fonctionnaire de l'administration des finances.

Un jour, il arriva qu'un évêque s'avisa d'écrire que la République était la Franc-Maçonnerie à découvert, comme la Franc-Maçonnerie était la République à couvert. Le mot a fait fortune depuis. Mais les francs-maçons trouvaient apparemment qu'il ne disait pas assez, car l'un d'eux le rectifiait de la manière suivante : « Il aurait raison, cet évêque, si Franc-Maçonnerie et République n'étaient précisément la même chose. »

Rectifions à notre tour. Évêque et franc-maçon étaient également à côté de la réalité : car, ainsi que nous l'expliquions dans l'une de nos lettres à M. Clemenceau, les deux conceptions représentées par les expressions « République démocratique » et « Société secrète » s'excluent de la façon la plus absolue. Il est donc radicalement faux que Franc-Maçonnerie et République soient « la même chose », comme l'affirmait le franc-maçon. Quant à soutenir, ainsi que le faisait l'évêque, que « La République est la Franc-Maçonnerie à découvert comme la Franc-Maçonnerie est la République à couvert », c'est à peu près comme si, en parlant d'un animal quelconque en train de digérer une proie, on prétendait que cette proie est l'animal à couvert, et que l'animal est la proie à découvert.

La vérité est qu'avec leurs centaines de sénateurs et de députés appartenant à l'Ordre, avec des ministères dans lesquels ils entraient toujours en très forte majorité, les francs-maçons français disposaient de notre pays selon leur bon plaisir. Ils habitaient nos palais nationaux. Ils se comblaient réciproquement d'honneurs. Ils jouissaient de toutes les immunités, de tous les privilèges, de toutes les prébendes et de de tous les profits. Au nom du principe de solidarité maçonnique, ceux qui étaient au pouvoir confiaient les plus hautes charges administratives ou réservaient les postes les plus lucratifs à ceux de leurs « frères » qui ne pouvaient trouver place dans la carrière politique ou qui en étaient chassés par le suffrage universel. A ce point de vue, sans contredit, l'État, c'était eux, en ce sens qu'ils l'avaient absorbé. La fortune de la France était devenue leur fortune, et sa ruine eût été leur propre ruine. Ils ne pouvaient donc nous trahir qu'en se trahissant eux-mêmes, et de toutes les manières, puisque non seulement républicains, ils eussent agi contre la République, démocrates contre la démocratie, humanitaires contre l'humanitarisme, mais encore, souverains, ils eussent anéanti leur souveraineté.

Dans ces conditions, ils avaient intérêt, plus que

personne, à veiller attentivement à la sauvegarde
de cette France si belle et si riche dont ils étaient
devenus les maîtres absolus.Et cependant,les preuves
existent que, pendant plus d'un quart de siècle, ils
se sont acharnés à la diviser — par conséquent à
l'affaiblir — et même à la désarmer matériellement,
— (nous le verrons dans le chapitre suivant) donc
à se désarmer eux-mêmes en face de l'ennemi.

Nous avons à remarquer que pour la diviser, ils
usèrent d'une tactique qui fut toujours infaillible
chez nous et que la Franc-Maçonnerie emploie constamment : ils parlèrent d'idéal. C'est par l'évoca-
tion de l'idée de progrès qu'ils divisaient et affai-
blissaient la France en soulevant les masses contre
le catholicisme. C'est aussi en dressant devant elles
les idées de Liberté, d'Égalité, de Fraternité universelle qu'ils sapaient l'idée d'autorité et celle de
patrie. Comment, en procédant ainsi, n'eussent-ils
pas fait marcher les Français, toujours si prompts
à se donner, comme on les faisait marcher eux-
mêmes ?

Observons, en passant, qu'envisagées au point de
vue le plus élevé, les idées de Liberté, d'Égalité et
de Fraternité sont l'essence même du christianisme.
De sorte que — on ne l'a pas assez remarqué jusqu'ici — contre l'idéal chrétien, les francs-maçons
français, sans s'en apercevoir, brandissaient quoi ?
cet idéal chrétien lui-même, dont la France avait
toujours eu à cœur de s'inspirer. Mais ils le présentaient déformé comme il fallait pour anéantir toute
morale, toute force et toute vie ; pour produire la
discorde, donc le désordre et l'anarchie. Par exemple, l'Évangile avait prêché au monde la Paix, au
nom de la Fraternité, qui contient en elle toute la

liberté et toute l'égalité auxquelles les hommes peuvent aspirer. Au nom de la même idée de Fraternité, la Franc-Maçonnerie conduisait au contraire les Français à l'intolérance, au sectarisme, à la haine. C'est en procédant ainsi qu'on avait pu amener la France aux orgies sanglantes de la fin du xviiie siècle. On l'avait fait passer par la nuit du Quatre-Août pour la conduire à la Terreur. On lui avait donné la Fraternité pour premier mot d'ordre, afin de l'enthousiasmer ; mais c'était pour la fanatiser ensuite et l'aveugler au point de la faire aboutir à cette formule qui n'était qu'une dérision cynique : La Fraternité... ou la mort.

Et, nous le répétons, c'est ainsi qu'on a toujours procédé vis-à-vis des francs-maçons français eux-mêmes.

En 1901, c'est au nom de l'unité morale de notre pays que fut faite la loi sur les associations, alors que cette loi était destinée à devenir un instrument de division. Son auteur, M. Waldeck-Rousseau, pouvait être sincère lorsqu'il proclamait les motifs élevés par lesquels il prétendait être conduit. Mais on ne les lui suggérait que pour amener plus facilement une partie de la nation au mépris de la doctrine religieuse qui avait créé cette « Unité morale » dont il vantait « la force et la grandeur » dans le passé.

On pourrait multiplier les exemples.

Par l'emploi d'une tactique aussi astucieuse, la France était déchirée jusque dans son cœur. Les Français restaient, en effet, dévoués et idéalistes ; mais ils étaient excités jusqu'au fanatisme, ceux-ci pour la défense d'un idéal, et ceux-là pour la défense d'un autre. Et ces exaspérations en sens contraire étaient sans profit pour personne, sinon pour les ennemis de notre pays.

On a publié par milliers les documents qui prouvent que toutes les mesures haineuses qui furent prises depuis près de trente ans contre les Français demeurés attachés à la vieille religion nationale furent voulues par la Franc-Maçonnerie. Et celle-ci, agissant par l'intermédiaire des comités électoraux qu'elle animait occultement, pouvait mettre, à tout instant, sénateurs, députés et ministres en face de cette alternative : exécuter la politique qu'elle leur suggérait, ou être dépossédés de leur situation ; « se soumettre ou se démettre ».

C'était compromettre gravement la sécurité de la France que d'exciter et d'entretenir une pareille guerre intérieure. Tout royaume divisé contre lui-même périt ; et la France eût bien été, en effet, irrésistiblement condamnée si elle ne s'était montrée, au mois d'août 1914, l'étonnante nation qu'elle est.

Heureusement, l'énergie du sentiment de défense nationale dépassa ce que les plus optimistes auraient pu espérer et il se manifesta partout, dans toutes les classes, dans tous les partis, dans tous les milieux.

La Franc-Maçonnerie maîtresse de la France s'était déclarée « la contre-Église, l'Église de l'hérésie ». En face de l'agression étrangère, les catholiques français l'oublièrent. Brimés et insultés dans leurs croyances comme ils l'avaient été, ils surent, à l'heure du danger, mettre le devoir patriotique au-dessus de tout. Eux qui étaient les vaincus de la guerre religieuse, ils se rangèrent immédiatement, et par pur dévouement à la France, sous les ordres des adversaires acharnés de leur foi religieuse. Ils savaient que leur abnégation, en assurant la victoire commune, fortifierait le gouvernement de ceux dont ils n'avaient reçu que haine et mépris. Mais la patrie était menacée. Ils ne voulurent voir que cela et ils se donnèrent, sans imposer de conditions.

Les royalistes agirent de même. L'argument le plus redoutable qu'ils avaient eu à opposer au régime républicain jusqu'en 1914, c'était qu'en cas de guerre, ce régime semblait, de par sa constitution, dans l'impossibilité de faire face au péril. Si la République sortait victorieuse de la lutte formidable qui lui était imposée par l'Allemagne, l'argument tombait et le régime républicain devait s'en trouver fortement consolidé. Néanmoins les royalistes n'eurent pas une seconde d'hésitation. Ils marchèrent impétueusement au canon et contribuèrent ainsi à sauver la République, parce qu'il le fallait pour que la France fût elle-même sauvée.

Et il en fut à gauche comme à droite. Mais ici, le phénomène doit d'autant plus retenir notre attention qu'il est en contradiction avec les principes inculqués à ceux en qui il se produisit. Regardons-y donc d'un peu plus près. Nous y gagnerons de voir comment la Franc-Maçonnerie procède depuis qu'elle a été introduite en France et comment elle s'y prend pour attirer les Français dans ses « ateliers ».

*
* *

Tout le monde sait qu'à ses débuts, sa composition était, pour une grande part, aristocratique. Les comtes et les ducs, les marquises et les princesses, les prêtres et les religieux formaient une bonne partie de la clientèle des loges. C'est en flattant leur vanité qu'on les avait amenés dans les temples maçonniques où, après s'être dévotement ornés du petit tablier symbolique, les uns et les autres faisaient effort pour ouvrir leur esprit aux idées « philosophiques ». Ils ne venaient d'ailleurs pas seuls dans ces temples, dont le recrutement était quelque peu mélangé, en raison même de la doctrine égalitaire qui y était prêchée. Marat, Robespierre, Danton et la plupart des futurs conventionnels s'alignaient sur « les colonnes du Nord et du Midi », auprès de ceux à qui ils devaient couper la tête un peu plus tard, au nom des principes pour lesquels tous s'enthousiasmaient en commun. La princesse de Lamballe, amie de la reine Marie-Antoinette, était Grande Maîtresse dans la Maçonnerie d'adoption (c'est ainsi qu'on appelait alors la Maçonnerie féminine). Qui sait si elle n'a pas maintes fois adressé son plus gracieux sourire et dit « Mon très cher frère » à l'un ou à l'autre de ceux qui excitèrent ses assassins aux horreurs commises sur son cadavre ?

Il en a toujours été ainsi du recrutement maçonnique français. A toutes les époques, il a mis en contact dans les loges deux catégories de citoyens : ceux qui détenaient le pouvoir et ceux qui étaient destinés à le leur arracher.

C'est là une observation à laquelle on ne s'est pas encore arrêté. Elle explique pourtant bien des particularités en apparence incompréhensibles. Les futurs sacrifiés ont toujours été employés dans la Franc-Maçonnerie à faciliter la besogne des futurs sacrificateurs. Comment a-t-on réussi à leur faire constamment jouer ce rôle ? C'est ce qu'il s'agit, en définitive, d'expliquer ; et nous le ferons lorsque la marche de notre étude nous y amènera. Nous nous bornons, pour l'instant, à constater le fait.

Il en était avant 1914 comme avant 1789. Seulement, tandis qu'à la fin de l'ancien régime, les loges, tout en ayant une clientèle aristocratique, s'ouvraient aux représentants du Tiers-État, elles en sont arrivées, de nos jours, à se recruter principalement dans la petite bourgeoisie et à incliner peu à peu vers le socialisme. Cela d'après un processus parfaitement logique que n'avait pas prévu le pauvre petit esprit « philosophique » de ces nobles et de ces grandes dames, de ces prêtres et de ces religieux qui ont assumé si légèrement, si aveuglément, — si niaisement, devrait-on dire, — la lourde responsabilité de l'introduction de la Franc-Maçonnerie en France. En raison de ce processus, on voyait dans les loges, à la veille de la guerre, des socialistes, des communistes notoires, voire même des anarchistes, à côté des bourgeois radicaux.

Non seulement le personnel des loges avait changé ; l'enseignement donné avait évolué, lui aussi, et le tout avait été fait dans des conditions qui laissent entrevoir quel était le but que certains chefs occultes, évidemment non Français, se proposaient dès le commencement, mais qu'ils savaient ne pouvoir atteindre que par étapes successives. Au philosophisme avait succédé l'humanitarisme, concept vague, mais essentiellement désorganisateur au point de vue national, en ce que, transporté par les propagandistes dans les milieux populaires et jeté dans les cerveaux incultes, il y engendre, en même temps qu'un antimilitarisme aveugle, la haine et le mépris de l'idée de patrie.

Lorsqu'on sait quels efforts ont été faits, pendant si longtemps, pour la diffusion de pareils enseignements, on se demande, avec un étonnement mêlé d'admiration, comment la France a pu y résister. Il semblait à ceux qui, avant la guerre, connaissaient et observaient ces manœuvres, que le redressement moral fût impossible. Et cependant, il se produisit.

Dès que les hostilités furent engagées, la terrible leçon des faits l'emporta sur l'enseignement haineux, antipatriotique et démoralisateur qui avait été si longtemps donné aux foules par l'intermédiaire des propagandistes maçonniques ; et, comme les catholiques et les monarchistes, comme les francs-maçons momentanément désabusés, les socialistes firent face à l'ennemi, en dépit des pièges qui leur étaient tendus, des mensonges qui leur furent prodigués jusqu'à la dernière minute par la Social-Démocratie impériale allemande, et malgré la colère, la douleur et l'indignation qu'ils durent éprouver lorsqu'ils apprirent l'assassinat de Jaurès.

Un pareil rassemblement de circonstances si extraordinaires contient un enseignement dont nous demandons au lecteur la permission de dégager la signification réconfortante en terminant ce chapitre.

L'œuvre de désorganisation et de démoralisation poursuivie en France depuis un siècle et demi par l'intermédiaire de la Franc-Maçonnerie est un fait indéniable. Mais la résistance inconsciente de l'esprit français à cet effort qu'il ignore en est un autre. Résistance fragmentée, sans doute, variable aussi selon les circonstances, plus instinctive que raisonnée jusqu'à nos jours, mais qui, à l'heure critique de l'invasion allemande, se manifesta de façon dominante dans les milieux les plus contaminés et jusqu'au sein de la Franc-Maçonnerie elle-même.

Déjà, en plus d'une circonstance, ceux qui se sont consacrés à l'étude attentive de ces questions avaient pu observer les deux ordres de phénomènes.

Notre Révolution de la fin du XVIII° siècle en offre un bien remarquable exemple.

Un grand nombre d'hommes politiques de notre époque, parmi lesquels s'est particulièrement distingué M. Clemenceau, ont travaillé à répandre l'idée que cette Révolution est un bloc qui se présente tout d'une pièce et qu'il faut accepter ou rejeter sans en rien excepter. C'est là une erreur d'appréciation dans laquelle il était naturel qu'on tombât, parce qu'on n'avait pu apercevoir jusqu'ici que la surface des choses, mais qui, infiniment dommageable à la réputation de la nation française, est absolument fausse aux yeux de qui tient compte de l'action occulte. En réalité, il y eut dans notre Révolution deux éléments non seulement distincts, mais radicalement opposés, que tous les Français, à quelque parti qu'ils appartiennent, ont le plus grand intérêt à savoir distinguer. Disons dès maintenant quels sont ces deux éléments, bien que la justification de notre affirmation ne doive résulter que de la démonstration générale qui est l'objet de notre étude.

Il y eut, d'un côté, la nation, c'est-à-dire cet être collectif qui se fait connaître moins par l'aspect physique résultant des frontières qu'il s'est données, que par son esprit, son cœur, son âme, son

génie ; de l'autre, une puissance étrangère et ennemie, rendue invisible par l'effet d'une organisation
qui est combinée tout exprès pour produire cette
invisibilité et qui sert, en même temps, à l'inoculation des poisons intellectuels dissimulés sous un
enveloppement d'idées séduisantes, généreuses, pro-
gressives. Lorsqu'est opérée cette inoculation voulue par la puissance invisible et ennemie, notre
nation est, tout naturellement, secouée par les con-
vulsions qui sont la conséquence inévitable de l'intoxication subie. Mais elle réagit de la façon impré-
vue que voici. Elle s'efforce de rejeter le ferment
destructeur absorbé, et elle retient les idées généreuses qui n'étaient que l'enveloppement destiné à
servir d'appât. Elle se passionne, elle s'exalte devant
ces idées. Elle se donne à elles sans compter. Pour
les faire triompher, elle s'impose les plus prodigieux
efforts ; elle va jusqu'aux ultimes sacrifices... Et
c'est ainsi, non seulement qu'elle se sauve, mais
qu'elle fait éclater dans le monde le rayonnement
victorieux de son génie.

Tel est le spectacle que la France a donné au
monde à la fin du xviiie siècle et en 1914.

En 1789, la Révolution débute par des émeutes
et des assassinats. Est-ce l'âme de la France qui se
manifeste ainsi ? Non. C'est la puissance occulte ennemie qui pousse au désordre et au crime, parce
que le désordre et le crime portent en eux l'affaiblissement. Elle veut annihiler la force française et
elle espère y arriver en la désorganisant, en la divisant par des haines irrémédiables. Elle a préparé
celles-ci par des libelles infâmes, imprimés le plus
souvent à l'étranger. Elle a excité les turbulences.
Elle a organisé les violences. Les bandes qu'elle paye

massacrent. Elle croit toucher au but... Mais le Génie français réagit et sa réaction se traduit par l'effort constructeur de la Constituante. La puissance ennemie s'obstine. Elle ourdit de nouvelles conspirations. Elle regagne le terrain qu'elle a perdu. Elle provoque la guerre en 1792 et elle allume les fanatismes. Elle ramène les Français aux violences et aux crimes. Elle dresse les échafauds. Elle organise les mitraillades et les noyades. « La fraternité... ou la mort ! »

L'âme française va-t-elle s'abandonner ? Va-t-elle réaliser, dès ce moment, le programme du bolchevisme actuel ? Telle était la question alors en jeu.

Car gardons-nous de considérer ce programme bolcheviste comme une nouveauté. Il était formulé dès avant notre Révolution. Nous en avons pour preuve des documents officiels mis au jour en 1786 et relatifs à une société secrète supérieure allemande, l'Illuminisme, dont on s'est trop peu occupé jusqu'ici, mais qui se proposait précisément de dominer le monde après l'avoir désorganisé.

Que va faire la France ? A cette question les destinées des peuples sont alors suspendues.

Ce qu'elle fit, tout notre univers civilisé le sait. Elle se convulsa effroyablement. Elle se déchira de ses propres mains. Mais, en somme, voici ce qui est résulté de la terrible crise provoquée par l'inoculation que la France avait subie. On ne lui avait parlé de Fraternité que pour la conduire, aveuglée, au crime et à la mort. Or il s'est trouvé qu'elle échappa à l'anéantissement, grâce à la sincérité de la passion avec laquelle elle se donna à l'idée chrétienne et sublime dont on ne s'était servi que pour la séduire. Tandis que la puissance occulte ennemie

poussait aux assassinats qui, s'imaginait-elle, devaient diviser pour jamais notre pays en créant des
haines inapaisables, l'âme française faisait sa besogne idéaliste et superbe sur les champs de bataille où la foule des héros obscurs et inconnus se
sacrifiait pour la Liberté, pour l'Égalité, pour la
Fraternité, pour ce que ces principes évangéliques
contiennent de juste, de bon, de progressif, de nécessaire à la vie des sociétés. Combien d'individus
en lesquels on vit alors se manifester les deux influences contraires ! Combien furent à la fois infâmes et héroïques ! C'est que, ne nous y trompons
pas, ils étaient tous travaillés au dedans d'eux-
mêmes, tiraillés, écartelés par les deux forces opposées : l'idéalisme français et la fourberie ennemie.

Même spectacle, plus saisissant encore, de 1914
à 1918. Plus saisissant, plus émouvant, parce qu'ici
l'imminence et l'immensité du danger apparaissant
à tous, les vieilles haines se sont tues. C'est dans les
mêmes tranchées que sont tombés, unis pour la
défense des mêmes nobles causes, les fils des égor-
geurs de 1793 et les fils des égorgés. C'est de leur
sang mélangé, répandu à flots, que sera faite
la sève nationale de demain. En eux, par eux,
l'âme française s'est retrouvée. Toute la France
a marché. Toute la France dans l'espace et dans le
temps. Et contre quoi ? Contre les criminels
égoïsmes ; contre les monstrueux abus de la force,
de la perversité, de la fourberie, oui. Mais en même
temps contre un militarisme effréné ; donc pour
l'humanitarisme aussi. Pour l'humanitarisme,
mais seulement dans ce qu'il y a de bon, d'évangé-
lique en lui. Car, en sauvant la liberté du monde,
la France se trouve avoir prouvé que l'existence des

nations est nécessaire à celle d'une Humanité ordonnée en même temps que libre, se répandant en variétés sociales et nationales, comme fait la nature dans ses créations de tout ordre.

Pouvons-nous, après de telles leçons, désespérer de notre pays ? Non. Bien que, de toutes les nations, la France soit celle qui est le plus traîtreusement et le plus dangereusement attaquée par « les forces mauvaises et occultes », bien qu'à cause de son caractère, elle soit la plus exposée, elle vivra, parce que, de toutes ces nations, elle est celle qui sait le mieux se donner lorsqu'il le faut et comme il le faut ; celle, par conséquent, dont l'existence est le plus indispensable pour le maintien de l'existence des autres, en même temps que pour l'évolution progressive et morale de l'Humanité.

CHAPITRE IV

L'EFFORT DE LA FRANC-MAÇONNERIE CONTRE LA FORCE MILITAIRE FRANÇAISE AVANT LA GRANDE GUERRE

Suite de l'étude de la contradiction que présente le cas particulier
de la Franc-Maçonnerie. — Les francs-maçons français, maîtres de
la France, ne se sont pas contentés de diviser celle-ci. Ils ont
travaillé, durant un quart de siècle, à son désarmement en face
de l'Allemagne. — Procédés employés. — L'École clandestine. —
La doctrine humanitaire. — Propagande exercée directement dans
l'armée. — Les officiers attirés dans les loges. — L'antimilitarisme et la campagne maçonnique pour le « rapprochement
franco-allemand ». — Le socialisme servant, à son insu, à couvrir
la Franc-Maçonnerie.

La Franc-Maçonnerie ne s'est pas bornée à imposer
à la France, avant 1914, une politique de haine d'où
devaient résulter les divisions les plus funestes. Elle
a été employée à une besogne plus directement antifrançaise, car ses efforts ont tendu, pendant plus
d'un quart de siècle, au désarmement matériel de
notre pays.

Les exploiteurs étrangers qui conduisirent cette
entreprise tentèrent une première manœuvre, quelques années après la guerre de 1870, pour se rendre

compte de la force de résistance du patriotisme français. Ils voulurent savoir s'ils pourraient facilement insinuer dans l'esprit de nos francs-maçons les sentiments de renoncement, d'effacement et même de soumission vis-à-vis de l'Allemagne qui, propagés ensuite dans les masses populaires, eussent fait de la France une sous-Autriche, un aimable troisième prenant rang à la suite du « brillant second ».

Pour cela ils suggérèrent, dans une loge de la région parisienne, une discussion sur les avantages que l'abandon de l'Alsace-Lorraine pouvait procurer à la France. Un pareil procédé correspondait bien à la grossièreté prussienne. Mais il méconnaissait et heurtait par trop le caractère français. Aussi de violentes protestations se produisirent-elles dans un certain nombre de loges, en particulier dans une qui avait pris le nom d'*Alsace-Lorraine*.

Se rendant compte de la faute qu'ils commettaient, les inspirateurs secrets de la manœuvre n'insistèrent pas. Pour amener la France au renoncement, ils prirent un chemin détourné, plus long, mais plus sûr. Ils utilisèrent la méthode qui leur avait servi pour détruire le sentiment monarchique, celle qu'ils continuaient à employer pour réduire le sentiment religieux : ils parlèrent au nom d'un idéal.

Lorsque furent terminées les quelques années de lutte au sujet de la forme du gouvernement, on entendit exposer dans certains milieux maçonniques français, pour la seconde fois — cela avait eu lieu aussi avant 1870 — la thèse de l'humanitarisme. Il fut alors enseigné que le patriotisme, tel qu'on l'entend maintenant, n'est qu'un développement, un élargissement de l'ancien provincialisme, qui procédait lui-même d'un patriotisme encore plus étroit et purement local. Telle était, expliquaient certains docteurs maçonniques, la loi d'évolution des sociétés humaines. Ils ajoutaient que cette loi continuerait d'agir dans l'avenir comme elle avait agi dans le passé. En conséquence, le patriotisme national, affirmaient-ils, ne représentait qu'une époque transitoire dans l'histoire de l'humanité. Il était une étape vers un ordre de choses qui serait le paradis sur la terre ; paradis pacifique et fraternel, où la guerre n'existerait plus qu'à l'état de souvenir. Mais les hommes n'y devaient parvenir que lorsqu'ils auraient détruit en eux le sentiment qui les attache à ce qu'ils appellent leur nation, leur race, leur terre, leur patrie, pour s'élever jusqu'à celui qui ferait d'eux les citoyens de la grande, de la vraie patrie : l'Humanité. Donc, à la place du patriotisme, l'internationalisme : c'est à quoi devait tendre le progrès basé sur la Fraternité. Tout cela pour aboutir, comme conclusion pratique, à l'antimilitarisme, au désarmement de la France, sans s'arrêter aux dangers qui pouvaient en résulter pour celle-ci. On n'examinait même pas ces dangers. On se bornait à les déclarer imaginaires. Certains entraîneurs allèrent plus loin. Ils soutinrent que si d'aussi nobles idées ne pouvaient triompher que par la vertu du sacrifice, la France ne devait pas hésiter à se dévouer, c'est-à-dire à désarmer, sans s'inquiéter du péril auquel elle s'exposait. Il lui appartenait, selon eux, de se faire « Le Christ des nations ».

Un grand nombre de Français ont entendu parler de cet enseignement donné en face d'une Allemagne affamée de conquêtes, en proie au vertige de la domination. Mais ce qu'ils savent moins, c'est que l'enseignement en question marquait une récidive, puisque, comme nous venons de le dire, il avait déjà été exposé avant la guerre de 1870. Ils ignoraient surtout que les prédicateurs francs-maçons qui exposaient ces théories dangereuses n'en étaient pas les inventeurs. On les leur inculquait, pour les leur faire colporter. Elles avaient été systématisées, dès la fin du xviiie siècle, en vue de la destruction des nations. Et par qui ? Non par la Franc-Maçonnerie elle-même, mais par cet Illuminisme, ou Ordre des Illuminés, auquel nous avons déjà fait allusion, qui fut fondé en Bavière, en 1776, par Weishaupt, professeur à l'Université d'Ingolstadt, et qui parvint à se subordonner très rapidement un certain nombre de loges françaises, par des moyens que nous aurons à étudier ultérieurement. Il se trouve donc que la doctrine humanitaire a été mise au point, comme ferment de désorganisation nationale, par une société secrète supérieure allemande, qu'elle a été introduite en France par les sociétés secrètes subordonnées maçonniques pour y produire ses effets destructeurs, et que ce fut précisément dans les deux circonstances où l'Allemagne se disposait à se jeter sur notre pays pour nous imposer sa domination. Nous nous bornons à noter ici ces rapprochements. Nous aurons à y revenir plus tard.

Si la Franc-Maçonnerie avait prêché l'humanitarisme et l'antimilitarisme dans tous les pays, surtout dans cette Allemagne dont l'ambition et les appétits allaient sans cesse grandissant, et qui développait formidablement son organisme militaire, nos francs-maçons auraient pu soutenir avec quelque apparence de raison que leur association remplissait le rôle d'une « institution philosophique et progressive », travaillant vraiment pour la paix et la fraternité. Mais il en allait autrement. C'est dans les loges françaises qu'était concentré tout l'effort humanitaire. C'est seulement chez nous que la Franc-Maçonnerie clamait contre le militarisme, tandis qu'elle n'entendait rien lorsqu'on lui parlait de la préparation à la guerre qui se poursuivait en Allemagne sur des plans gigantesques. Circonstance bien plus significative encore : des francs-maçons allemands eurent le cynisme de recommencer ce que d'autres avaient fait avant la guerre de 1870, en venant fonder à Paris une loge dont les membres se dépensaient en protestations de solidairité vis-à-vis de leurs « frères français » et les aidaient dans leur propagande en vue du désarmement de la France au nom de l'Humanitarisme. Pourquoi ces Allemands ne réservaient-ils pas leurs ardeurs d'apôtres pour leur pays, qui en avait manifestement beaucoup plus besoin que le nôtre ?

Maintenant qu'est survenu le cataclysme auquel ces menées servirent de préparation, on peut mesurer la persistance et l'intensité progressive de l'effort qui devait avoir pour conséquence l'augmentation constante de la disproportion existant entre les forces de l'Allemagne et celles de la France. Mais si nous voulons voir les choses comme elles sont, nous devons nous persuader que les francs-maçons français ne furent pas les initiateurs de cet effort de trahison. Celui-ci fut, au contraire, d'abord dirigé contre eux et d'une façon d'autant plus infâme qu'il se produisait sous le couvert de la soi-disant fraternité maçonnique. Certains parvenaient à y résister. Mais, le sectarisme antireligieux aidant, d'autres se laissaient entraîner. Ils envisageaient la doctrine humanitaire comme supérieure à tout et, après qu'ils avaient été fanatisés pour et par elle dans le secret des loges, ils en devenaient les apôtres vis-à-vis des masses populaires. La Franc-Maçonnerie n'était donc, en somme, qu'une *école clandestine*, par l'intermédiaire de laquelle des enseignements antifrançais émanant de sources ennemies pouvaient être répandus en France et y corrompre non seulement les masses populaires, mais aussi les hommes disposant du pouvoir. Tel a toujours été son rôle dans notre pays.

Un moment vint où cet effort destructeur pénétra jusque dans notre armée.

Il est instructif d'observer que pour arriver à gangrener celle-ci, les secrets inspirateurs de la trahison commencèrent par attirer des officiers dans les loges.

C'était là une besogne difficile. Comment, en effet, des hommes voués exclusivement au service de la France en raison de la carrière qu'ils avaient embrassée, pouvaient-ils consentir à entrer dans une association qui leur imposait des serments de secret vis-à-vis de leur pays ?

Les recruteurs furent obligés d'aller tout d'abord chercher leurs candidats dans les derniers rangs de la hiérarchie militaire. Ils s'adressèrent à des officiers d'administration, voire même à des sous-officiers, à des caporaux. Il y eut un caporal bottier qui devint une personnalité maçonnique dont les journaux s'occupèrent. Un tel exemple et d'autres du même genre finirent par exciter l'ambition de quelques officiers sans mérite et dénués de scrupules, qui savaient la Franc-Maçonnerie toute puissante. Ceux-ci en entraînèrent d'autres ; et c'est ainsi qu'augmenta peu à peu le nombre des officiers français francs-maçons. L'affaire des fiches révéla toute la gravité de la situation. De basses pratiques de délation étaient introduites dans les régiments, et l'honneur militaire se trouvait entaché. L'armée était divisée comme la nation. D'un côté les officiers qui allaient à la messe ; de l'autre, ceux qui allaient à la loge ; les premiers dénoncés par les seconds et classés, sans qu'on le sût, comme devant être rayés sur les listes d'avancement. L'opinion, instruite de ces faits par la production des fiches de dénonciation provenant du Secrétariat du Grand-Orient, s'en prit aux meneurs visibles et, en particulier, au général André, ministre de la Guerre franc-maçon, au capitaine Rollin, son collaborateur en cette besogne, franc-maçon comme lui, au F∴ Vadécart, secrétaire du Grand-Orient, et à quelques autres « Enfants de la Veuve » qui se firent remarquer par le zèle avec lequel ils rédigeaient ou transmettaient les notes dénonciatrices. Ceux-là apparaissaient comme les vrais responsables. Il eût pourtant été bon de regarder derrière eux. Mais le public, même le plus éclairé, en savait alors trop peu sur la question maçonnique pour supposer que ces meneurs apparents pouvaient n'être que des agents inconscients, aveuglés par le fanatisme antireligieux et mis en mouvement par des manœuvriers étrangers.

Remarquons ici que la Franc-Maçonnerie est maîtresse de son recrutement. Son organisation lui permet d'accepter ou de repousser les candidats, selon

son bon plaisir. Elle va chercher ses adeptes là où
il lui plaît, tantôt dans un milieu, tantôt dans un
autre, selon les époques, les pays, les circonstances.
Si les officiers français frappaient en si grand nombre à la porte de ses temples au moment de l'affaire
des fiches, c'est parce que ses recruteurs opéraient
d'après des suggestions tendant à assurer ce résultat. Et cependant, en maintes circonstances, elle avait
témoigné d'un profond mépris pour l'élément militaire. Elle manifestait autant de haine pour « le
sabre » que pour « le goupillon ». Des documents
non suspects en font foi. L'un des plus caractéristiques est le discours qui fut prononcé en loge par
un certain F∴ Fort et qui fut publié en 1889, par
la revue maçonnique *La Chaîne d'Union*, dans un
but de propagande. Le F∴ Fort s'exprimait ainsi :

« Pénétrez au fond de cet être qu'on appelle le
soldat ; essayez l'analyse psychologique de tout
homme qui porte un sabre et vous verrez que le
désir de paraître, de briller, de tenir de la place et
par conséquent de prendre la place des autres est
le mobile qui le fait agir. Il parle de dévouement,
d'abnégation, de culte de la patrie. Mensonge que
tout cela ; le premier objet de son culte, c'est lui-
même, et je ne vois en lui que la personnification la
plus complète de l'égoïsme. »

Pour quelle raison la Franc-Maçonnerie pouvait-
elle attirer à elle des hommes à qui elle supposait
une pareille bassesse d'âme ? Telle était la question
qu'on aurait dû se poser, celle à laquelle il eût été
utile de donner réponse. Cette contradiction ne pouvait s'expliquer que si l'organisation de la Franc-
Maçonnerie permettait l'introduction dans les loges
françaises d'influences émanant de certains ennemis

de la France qui n'appelaient nos officiers dans les loges que pour y adultérer leur patriotisme.

Nous n'avons pas à entrer ici dans le détail des manœuvres auxquelles la Franc-Maçonnerie fut employée durant plus d'un quart de siècle et qui avaient toutes pour conséquence l'affaiblissement de la France. Sur ce point comme sur tant d'autres, les faits ont été maintes fois exposés, avec preuves à l'appui, dans des publications variées. Ils sont extrêmement nombreux et voici les en-têtes de chapitres sous lesquels on peut les répartir.

La politique introduite dans nos régiments.

L'affaire Dreyfus engagée dans les conditions obscures que l'on sait, considérée tout de suite par les francs-maçons comme une affaire de vie ou de mort pour la Franc-Maçonnerie et conduite par eux de manière à exaspérer les haines existantes.

La délation organisée occultement dans l'armée.

Les officiers classés en deux catégories dans des conditions si honteuses que M. Millerand, alors franc-maçon de la Fédération du Grand-Orient, ne pouvait contenir son indignation et déclarait en pleine Chambre des Députés que jamais aucun pays n'avait subi « domination plus abjecte ».

Le chambardement du Bureau des Renseignements au ministère de la Guerre et l'immense avantage qui devait en résulter pour l'Allemagne.

L'avancement militaire basé non sur le mérite, mais sur les opinions politiques et religieuses, et la faiblesse qui devait en résulter, dans le commandement. La propagande contre la discipline faite dans les casernes par brochures et par tracts, sous prétexte de socialisme, de pacifisme et d'humanitarisme.

Les mesures prises par certains ministres francs-maçons de la guerre et de la marine, mesures procédant du même esprit et entraînant les mêmes conséquences.

La diminution constante des crédits nécessaires en face de l'augmentation non moins constante des armements allemands.

Si l'on rapproche de cet ensemble la propagande des idées répandues d'autre part au sein de la population civile, propagande dont il a été question dans le chapitre précédent, on se trouve en présence d'une action coordonnée qui suppose une véritable conspiration.

Conspiration singulièrement prévoyante dans sa perversité, car elle allait jusqu'à tarir les sources mêmes de la vie de la France dans l'avenir. C'est des loges, en effet, que sont sortis presque tous les apôtres du néo-malthusianisme. Quant à l'immoralité, un fait suffit à prouver qu'elle n'était pas négligée : le fameux Robin, de Cempuis, était franc-maçon militant ; et jamais ses agissements ne furent l'objet d'aucun blâme maçonnique.

Nous ne pouvons passer sous silence une extraordinaire campagne de conférences qui se poursuivit durant de longs mois dans les ateliers maçonniques et qui avait pour objet « le rapprochement franco-allemand ». L'intensité de cette campagne ne cessa d'augmenter jusqu'au mois de juillet 1914. Plus les pangermanistes, dans l'exaspération de leur ambition, laissaient voir leur volonté arrêtée d'étrangler la France, plus celle-ci était incitée à se rapprocher d'eux. Le *Bulletin Hebdomadaire des travaux des loges de la Région parisienne* nous révèle qu'on compta, dans certaines semaines, jusqu'à cinq conférences faites sur ce sujet, rien que dans les dites loges de la région parisienne.

Comme toujours, la propagande ainsi exercée dans les milieux maçonniques avait fini par déborder sur le monde profane. Huit jours avant la déclaration de guerre, les Parisiens étaient invités, par affiches, à une réunion annoncée pour le 24 juillet, salle des *Sociétés Savantes*, sous la présidence du franc-maçon Lucien Le Foyer. Les orateurs étaient deux autres francs-maçons, les F∴ F∴ Hubbard et Moch. Sujet du premier discours : *Les charges militaires et les limitations des armements*. Sujet du second : *La préparation du désarmement*. Bien entendu, l'affiche ne faisait pas mention de la qualité maçonnique commune à ces messieurs. Cela se passait, avons-nous dit, le 24 juillet 1914. C'est-à-dire qu'au moment où des mesures de guerre avaient déjà été prises par l'Allemagne, la Franc-Maçonnerie était encore employée à prêcher aux Français la « préparation du désarmement ». C'est ainsi qu'elle envisageait « le rapprochement franco-allemand ».

Bien que des volumes aient été publiés sur les sujets que nous venons d'énumérer, on pourrait encore en remplir d'autres, rien qu'en reproduisant les délibérations des réunions maçonniques, les ordres du jour votés, la comparaison de la date de ces ordres du jour avec celle des propositions de loi présentées au Parlement ou des décrets rendus par les ministres. Le tout établirait la répétition étonnamment constante de manœuvres maçonniques de tout genre aboutissant perpétuellement à ce résul-

tat : l'affaiblissement de la France. Et cela, alors
que l'Allemagne accumulait ses préparatifs militaires pour nous attaquer.

Cela aussi — ne le perdons pas de vue — toujours au nom d'un idéal vers lequel les francs-
maçons français, illusionnés par des suggestions
perverses, ont marché pendant plus d'un quart de
siècle comme des hypnotisés, sans se demander par
qui il était sans cesse agité devant leurs yeux, sans
s'apercevoir du danger auquel ils exposaient leur
pays, et eux avec lui.

On objectera peut-être ici que les socialistes, bien
plus que les francs-maçons, ont travaillé à répandre
dans le monde profane les doctrines d'humanitarisme, de pacifisme et d'antimilitarisme.

En face du monde profane, c'est en effet le parti
socialiste qui a endossé les responsabilités. Mais il
n'y a encore là qu'une apparence savamment mé-
nagée et destinée à tromper le public pour couvrir
l'école clandestine maçonnique. Et ce nous est encore une occasion d'observer la tactique occulte.

Le parti socialiste se compose de masses ouvrières
qui se laissent conduire par quelques meneurs. Or,
presque tous ces meneurs ont passé par les loges.
Ils transportent donc et ils représentent au sein du
parti socialiste les volontés invisibles qui règnent
dans la Franc-Maçonnerie. Un « camarade » jadis
influent, ne fût-ce que par son titre de député, le
citoyen Brizon, placardait sur les murs de sa circonscription électorale, au mois d'avril 1914, c'est-à-dire
moins de quatre mois avant la guerre, les déclara-

tions suivantes, inscrites dans le Recueil officiel des professions de foi des candidats :

« On peut défendre la France sans la ruiner. Les milices, un homme, un fusil, ça ne coûterait pas cher et nous défendrait très bien. D'ailleurs la France n'est pas menacée. Si les riches et les fabricants de canons font dire le contraire par leurs journaux payés, par leurs journaux menteurs, c'est pour s'enrichir à nos dépens. »

Nous avons expérimenté à quel point la France était peu menacée, et nous pouvons, en nous souvenant des traités de Brest-Litowsk et de Bucarest, mesurer la profondeur de l'abîme où nous eussions été précipités, si nous n'avions eu à opposer aux formidables moyens de destruction accumulés par l'Allemagne que l'homme et le fusil qui ne coûtent pas cher du citoyen Brizon.. Il est vrai que celui-ci, après avoir été vomi par le suffrage universel, est maintenant lâché par les politiciens socialistes que gênent des déclarations auxquelles les faits ont donné de si terribles démentis.

« Brizon, nous disait l'un d'eux, est un illuminé. Il est très sincère, mais il ne regarde pas les faits. Il ne voit qu'au-dedans de lui. Ce qu'il dit ne compte pas. Vous n'avez pas le droit de vous en prévaloir contre nous. »

Nous nous ferions scrupule de douter de la sincérité du citoyen Brizon, comme aussi de nous prévaloir de ses malencontreuses prophéties pour incriminer le parti socialiste. Nous croyons plus utile de constater que ce citoyen Brizon est franc-maçon en même temps que socialiste. C'est dans les loges qu'il a été formé, et son cas est particulièrement révélateur. Précisément parce qu'il a tout ce qu'il faut pour vivre dans les nuages, sans tenir compte des réalités, on n'a pas eu de peine à le tromper, à l'endormir, à l'hypnotiser sur une idée fixe. On l'a si bien suggestionné qu'il balbutiait ses songes de guerre à bon marché, quatre mois avant que s'engageât la terrible lutte qui devait se solder par des centaines de milliards de pertes matérielles et par des millions de morts. Comment cela se peut-il ? Par la rencontre de ces circonstances : dispositions naturelles du sujet ; culture spéciale pratiquée dans l'école clandestine et utilisée par les exploiteurs étrangers de la Franc-Maçonnerie. Sans cette culture et cette utilisation, le citoyen Brizon eût peut-être pensé les insanités qu'il a placardées sur les murs de sa circonscription en avril 1914 ; mais il eût été regardé comme un halluciné et il n'eût exercé aucune influence. En raison de la culture dont nous parlons, culture favorisée par le secret et par les sélections pratiquées dans les loges, des milliers de Français ont pu être plongés, comme le citoyen Brizon, dans une inconscience plus ou moins profonde et enrégimentés comme apôtres de la chimère. C'est ainsi qu'ils sont devenus un véritable fléau national, en raison de leur nombre et de la cohésion donnée à leurs efforts par les influences traîtresses dissimulées derrière l'organisation maçonnique.

Dans ces conditions, ce n'est évidemment pas le socialisme qui agit sur la Franc-Maçonnerie, c'est au contraire la Franc-Maçonnerie qui agit sur le socialisme. C'est sur la première bien plus que sur le second que retombe la responsabilité des prédications par lesquelles fut établie la circulation des idées humanitaires, pacifistes et antimilitaristes qui détournèrent la France du souci de sa défense, précisément à l'heure où elle était le plus dangereusement menacée.

Et alors, nous nous retrouvons en face de la stupéfiante contradiction qui existe entre les actes des francs-maçons français, avant et pendant la guerre. Les premiers font apparaître la Franc-Maçonnerie comme une association de trahison, tandis que les seconds prouvent que l'esprit de trahison n'existait pas chez ses adeptes français ; cette dernière preuve se trouvant d'ailleurs corroborée par le fait que les dits adeptes, maîtres de la France, ne pouvaient trahir celle-ci sans se trahir eux-mêmes.

Nous bornerons-nous à constater qu'il y a là quelque chose d'inexplicable ? Ce serait, nous l'avons dit, faire preuve d'une humiliante faiblesse d'esprit. Tout, dans l'univers, est explicable, en ce sens que tout a sa cause logique. Nous ignorons souvent cette cause, mais elle n'en existe pas moins.

Ainsi en est-il dans le cas qui nous occupe. La raison des contradictions devant lesquelles nous nous trouvons existe certainement ; mais nous ne la connaissons pas. Si nous voulons trouver le moyen d'y remédier, nous avons tout d'abord à la chercher.

Celle qui se présente le plus naturellement à la pensée est que les francs-maçons français auraient été trompés durant toute la période que les Allemands ont employée à assurer leurs chances de victoire. Ils ne seraient revenus de leur erreur qu'à la lumière terrifiante des événements à la préparation desquels on les avait employés.

En l'absence de cette explication, on se sent noyé dans l'incohérence. Si au contraire on l'admet, l'esprit reprend pied et l'on se retrouve dans le domaine de la logique.

Mais alors se dresse cette interrogation : comment des êtres doués d'intelligence, comment des hommes faits, des politiciens qui prétendent tout soumettre au contrôle de la raison, qui se font une loi de ne se laisser impressionner ni par les récits non vérifiés, ni par les mystères des religions, peuvent-ils être aveuglés si complètement, pendant si longtemps, en si grand nombre et sur des questions d'une telle gravité, dans une association qui se soumet à des rites où l'absurde et même le grotesque sont accumulés comme à plaisir ? Cela semble si difficile, si impossible même, qu'on est presqu'invinciblement tenté de reculer devant le travail que demande l'étude d'un tel problème. On trouve plus commode de se tirer de la difficulté en fermant les yeux et en affirmant que les francs-maçons français d'avant-guerre étaient tout simplement des vendus et des traîtres. On donne d'ailleurs ainsi satisfaction à des sentiments de réprobation, d'animosité, d'indignation, qui semblent si légitimes !

Ne nous laissons pourtant pas aller à cette tentation. Entreprenons la recherche des causes, quelques difficultés qu'elle présente, afin d'aboutir à des conclusions aussi rationnelles et à des résultats aussi pratiques que possible.

CHAPITRE V

COMPLICATION DE L'ÉNIGME

Les francs-maçons français de toutes les époques n'ont été attirés dans la Franc-Maçonnerie que pour y être trompés et trahis. — Cette institution n'a jamais été, dans notre pays, qu'un piège auquel ont été pris successivement les Français de tous les partis, depuis les monarchistes et les catholiques du xviiie siècle jusqu'aux radicaux et aux socialistes de nos jours. — Pourquoi ce piège a-t-il toujours été tendu contre les francs-maçons français ? Comment est-il fait ? Voilà le premier problème à résoudre.

Il ne suffit pas, avons-nous dit, de constater l'étonnante contradiction que nous avons mise en relief dans les chapitres précédents. Il faut l'expliquer. Or, il n'y a qu'une explication possible : les francs-maçons français ont été trompés dans la Franc-Maçonnerie. C'est d'ailleurs ce qu'ont reconnu bon nombre d'entre eux. Dans les premiers mois de la guerre, plusieurs parmi les plus qualifiés ont confessé publiquement la faute qu'ils avaient commise en déchaînant la guerre religieuse, et en se laissant hypnotiser par ceux qui agitaient devant leurs yeux la chimère humanitaire. Ils ont eu le courage de reconnaître qu'ils avaient ainsi exposé la France aux plus grands périls et ils ont exprimé leur regret dans des journaux et des revues.

Un ancien Grand Maître de la Franc-Maçonnerie suisse, le F∴ Quartier-la-Tente, apôtre convaincu du pacifisme, avait pris l'initiative, plusieurs années avant la guerre, de réunions maçonniques franco-allemandes qui se tenaient annuellement en Suisse. Les francs-maçons français qui y assistaient en rapportaient toujours la conviction que la guerre n'aurait plus jamais lieu entre la France et l'Allemagne. et le F∴ Quartier-la-Tente partageait leurs illusions, se fiant, comme eux, aux protestations des francs-maçons allemands. Lorsque l'événement leur eut prouvé à tous la fausseté de ces protestations, ils échangèrent leurs doléances. L'ancien Grand Maître suisse dénonça la fourberie de la Franc-Maçonnerie allemande, dans sa revue maçonnique, l'*Alpina*, et il la voua à l'exécration de la Franc-Maçonnerie universelle. Il fut visité à cette occasion par un rédacteur du *Temps*, M. Thiébault-Sisson, qui se trouvait alors en Suisse, et il lut à celui-ci quelques-unes des lettres qu'il recevait des francs-maçons français qui avaient jadis participé à son entreprise. *Le Temps* du 27 janvier 1915 publia des extraits de ces lettres et il cita, en particulier, ces mots par lesquels se terminait l'une d'entre elles et qui résumaient le sentiment dominant de toutes les autres : « Avons-nous été assez poires ! »

Si les francs-maçons français ont affaibli leur pays comme ils l'ont fait durant les trente années qui ont précédé la Grande Guerre, ce serait donc, d'après l'aveu de certains d'entre eux comme d'après la conclusion que nous a imposée la logique des faits, parce qu'ils ont été trompés dans la Franc-Maçonnerie.

La première fois que cette pensée se présente à l'esprit, on est, disions-nous tout à l'heure, plutôt porté à le repousser. Mais si l'on se résout à l'envisager, voici la constatation surprenante à laquelle on aboutit.

Depuis que la Franc-Maçonnerie a été introduite en France, elle s'est successivement recrutée dans les milieux les plus différents. Il y eut des francs-maçons français de toute couleur ; des catholiques comme des libres-penseurs, des monarchistes comme des impérialistes et des républicains. Or, tous ont agi aussi aveuglément que ceux de notre époque, contre leur intérêt, contre leurs opinions politiques et religieuses, contre leur pays. Aucun des partis actuellement existants n'a le droit de narguer l'un quelconque des autres à ce point de vue, car aucun n'a su se garder. Les plus complètement dupés ont été ceux qui raillent les francs-maçons d'aujourd'hui ou qui s'indignent contre eux : nous voulons dire les catholiques et les monarchistes. C'est eux qui ont ouvert la voie. Ils sont chargés de cette responsabilité.

Nous avons déjà parlé du recrutement des loges françaises au xviiie siècle. Elles étaient composées, pour une forte proportion, de nobles, de princes, de prêtres, de religieux. Or, on sait maintenant que ces mêmes loges prirent une grande part à la préparation de la Révolution. Pourquoi les privilégiés du xviiie siècle demandèrent-ils l'initiation maçonnique ? Et pourquoi, lorsqu'ils l'eurent reçue, se prêtèrent-ils à une besogne qui devait se retourner contre eux, qu'ils réprouvèrent dans la suite — mais lorsqu'il fut trop tard — et dont auraient dû les détourner, dès le début, leur éducation, leur état social, et l'intérêt qu'ils avaient à la conservation de celui-ci ?

Contradiction analogue à celle d'aujourd'hui.

On entend répéter constamment qu'il y a une différence considérable entre la Franc-Maçonnerie française du xviiie siècle et celle de maintenant. La première, assure-t-on, était aussi excellente et bienfaisante que la seconde est détestable et perverse. C'est là une grave erreur. La composition des loges différait, oui. Quant à l'œuvre, si elle n'était pas arrivée au point où nous la voyons aujourd'hui, elle était, en réalité, la même. Elle tendait, comme maintenant, à la destruction de notre organisation sociale et nationale. Et c'est pourquoi la France du xviiie siècle, au lieu d'aboutir à une évolution à laquelle elle était prête, fut poussée par on ne sait quelle volonté traîtresse à la violence, au désordre, aux orgies sanglantes, à la guerre et à la ruine. Et comment ? Par le procédé qui est encore employé aujourd'hui : celui qui consiste à répandre des enseignements par lesquels les adeptes sont amenés à marcher en aveugles à l'encontre de leurs principes, de leurs sentiments, de leur intérêt. A ce point de vue, il en fut exactement des nobles et des prêtres du xviiie siècle comme des francs-maçons d'avant-guerre. Refusons-nous d'admettre la bonne foi de ces derniers ? Alors nous devons, pour être logiques, refuser aussi d'admettre la bonne foi des nobles, des princes, des prêtres et des religieux francs-maçons d'avant la Révolution, qui, catholiques et royalistes, allèrent travailler dans les loges à la destruction de la Monarchie et du Catholicisme. On objecte qu'ils ne savaient pas. C'est vrai. Mais ce l'est tout autant pour ceux d'aujourd'hui. Et même, n'est-on pas fondé à dire que ceux du xviii° siècle devaient savoir mieux que ceux de maintenant ? Croyants pour la plupart, ils étaient prévenus par les Papes, qui jetaient l'anathème sur la Franc-Maçonnerie, en condamnant tout ensemble le but de l'institution dénoncé par eux comme antisocial, les procédés par lesquels la réalisation de ce but était poursuivie, ainsi que les serments de secret que rien ne justifiait [1]. Catholiques et monarchistes du xviii° siècle étaient donc mis en garde par l'autorité spirituelle à laquelle ils avaient le devoir d'obéir. Sans compter que leur raison aurait dû suffire à les écarter d'une association qui se cachait, soi-disant pour faire le bien, comme les scélérats se cachent pour faire le mal, et qui exposait ainsi le monde profane à confondre les honnêtes avec ceux qui ne le sont pas ; ce qui est déjà un inconvénient très dangereux. Mais catholiques et monarchistes d'alors ne voulaient rien entendre, pas plus que les radicaux de notre temps. Même inconscience, même aveuglement d'un côté que de l'autre, provoqués par les mêmes moyens. L'école clandestine avait déjà produit son effet.

Les nobles et les prêtres francs-maçons du xviii° siècle ne virent pas qu'un piège était tendu à leur vanité et ils adhérèrent aux « idées philoso-

---

1. Voir à cet égard la brochure : *Les Papes et la Franc-Maçonnerie* par le sous-lieutenant de chasseurs à pied Jean Berger, tué dans la Somme, le 16 octobre 1916. Librairie de la *Renaissance Française*, 42, rue de Bellechasse.

phiques » comme les francs-maçons d'avant-guerre aux idées humanitaires. On les accoutuma, dans les loges, à se croire des esprit supérieurs en ce qu'ils dédaignaient les réalités pour l'idéologie. On les amena à regarder avec une pitié méprisante ceux qui n'entraient pas comme eux dans « les voies nouvelles ». Ils se laissèrent entraîner, sans se douter de ce par quoi ni de ce vers quoi ils étaient poussés ; ridiculement fiers d'eux-mêmes, jusqu'à l'heure où, la tête sous le couperet de la guillotine, ils durent se dire comme leurs successeurs de 1914 : « Avons-nous été assez poires ! »

Après les francs-maçons de l'ancienne Monarchie, ce fut le tour de ceux du Premier Empire.

Les hauts fonctionnaires, les officiers, les généraux, les maréchaux de Napoléon avaient alors remplacé, sur les « colonnes des temples », les nobles, les princes, les prêtres, les religieux. Et la Franc-Maçonnerie agit vis-à-vis du régime impérial comme elle avait fait vis-à-vis de la Royauté. Avant d'abattre les Bourbons, elle les avait copieusement flattés. Elle leur avait prodigué les révérences et les protestations de dévouement. Elle avait initié les deux frères de Louis XVI. Elle avait fait Grande-Maîtresse la Princesse de Lamballe, intime amie de la reine Marie-Antoinette. Devant Napoléon, elle s'agenouilla aussi bas que possible. Elle célébra dans les modes les plus dithyrambiques la gloire de « l'invincible guerrier », le génie de l'homme d'État « qui avait sauvé la France de l'anarchie » (qu'elle avait créée).

Elle l'appela « *Le Bien-aimé de l'Éternel* ». Elle alla jusqu'à se militariser et elle installa des loges dans les régiments. Tout cela, pour finir par travailler à la chute de celui qu'elle encensait. Les officiers francs-maçons de l'armée impériale se trouvèrent ainsi avoir collaboré, eux aussi, à la ruine de ce à quoi leur fortune était attachée ; et le Premier Empire fut abattu avec le concours d'une Franc-Maçonnerie ayant pour Grand-Maître un des frères de l'Empereur, Joseph, et, comme autres chefs apparents, les hommes dont Napoléon avait fait ses collaborateurs les plus titrés.

Même spectacle sous la Restauration.

La Franc-Maçonnerie se recruta alors en partie, et comme toujours, parmi les admirateurs les plus enthousiastes du régime. Pour s'en rendre pleinement compte, il faut avoir lu les discours qui étaient prononcés dans les loges à la louange de celui que les orateurs maçonniques nommaient : « *Louis le Désiré* ». Le « Bien-Aimé de l'Éternel » n'était plus alors pour les francs-maçons français que « le Brigand corse », le « Bandit usurpateur », le « Bourreau de la France ». Les orateurs maçonniques montraient au contraire « Louis le Désiré » ayant souffert toutes les tortures, dans son long exil, au spectacle des maux dont il voyait ses sujets accablés. Mais enfin, les francs-maçons en rendaient grâces au ciel, « la Providence avait permis qu'il revînt parmi eux ». « Les Français avaient retrouvé leur père. » Et dans les parvis des temples maçonniques on installait en grande pompe les bustes de Louis XVIII, que l'on couronnait de chêne et de laurier. Mais, en même temps, la besogne de destruction s'accomplissait sournoisement et un jour venait où Charles X était renversé, à la suite de manœuvres auxquelles la Franc-Maçonnerie avait pris la plus grande part.

**

Une fois opéré le remplacement de la branche aînée par la branche cadette, il semble que cette Franc-Maçonnerie, devenue une institution bourgeoise, avait toutes les raisons possibles pour soutenir une monarchie, bourgeoise comme elle, dont elle avait favorisé l'avènement et dans les conseils de laquelle elle était représentée, comme elle l'avait d'ailleurs été dans ceux des gouvernements antérieurs. Il n'en fut rien, en dépit de certaines apparences.

Voici qui prouve bien le mensonge de ces apparences.

Les Règlements généraux de la Maçonnerie Écossaise pour la France et ses dépendances, promulgués par le Suprême Conseil de cette fédération, le 1" juin 1846, c'est-à-dire moins de deux ans avant la Révolution qui devait renverser Louis-Philippe, disaient à l'article 29 : « Tout franc-maçon est *nécessairement* un homme fidèle à sa foi, *à son prince, à sa patrie,* et soumis aux lois. » Les mêmes Règlements généraux contenaient les déclarations suivantes : « L'Ordre maçonnique se partage en différents Rites reconnus et approuvés qui, bien que divers, sont tous sortis de la même source et tendent au même but. Adoration du Grand Architecte de l'Univers, Philosophie, Morale, Bienveillance envers les hommes, voilà ce que tout vrai maçon doit constamment étudier et pratiquer. Conséquente avec son principe, la Franc-Maçonnerie veut dans ses temples la même unité que dans sa morale. C'est pour obtenir ce résultat que ces Règlements généraux ont été rédigés. A ceux qui seront chargés de les faire exécuter elle dit : soyez justes ; à ceux qui devront s'y soumettre elle dit : Paix sur la terre aux hommes de bonne volonté et à tous elle répète cette vieille maxime des sages : Adore Dieu comme si tu le voyais, et, si tu ne peux le voir, sache qu'il te voit. »

Alors que ses chefs apparents, ceux que l'on croyait et qui se figuraient être ses chefs réels, tenaient un pareil langage, qui donc, dans le public, qui, parmi les profanes qu'elle attirait pour en faire des initiés, eût pu se figurer que la Franc-Maçonnerie se préparait à renverser le monarque sous le règne duquel elle déclarait statutairement : « Tout franc-maçon est *nécessairement* un homme *fidèle à son prince* » ?

Et encore faut-il voir quels étaient ceux qui parlaient ainsi. Voici les noms qu'on relève parmi les signataires des déclarations que nous venons de reproduire : *Comte de Saint-Laurent ; comte Le Peletier d'Aunay ; baron Petit ; baron Taylor ; comte J. de Chabrillan ; vicomte Cavaignac ; comte Monthion ; Paul, prince de Wurtemberg ; Franklin; Millet-Saint-Pierre ; comte Fernig, lieutenant G∴ Commandeur ; duc Decazes, Souv∴ G∴ Commandeur, G∴ Maître.*

Évidemment, ces hommes ne voulaient pas mentir. C'est en complète sincérité qu'ils affirmaient qu'un franc-maçon est nécessairement un homme fidèle à son prince. Et cependant, moins de deux ans plus tard, la Franc-Maçonnerie participait à l'organisation de la Révolution qui renversait Louis-Philippe. Elle faisait plus : elle fournissait l'équipe qui s'emparait du pouvoir. Presque tous les membres du Gouvernement Provisoire de 1848 étaient, en effet, francs-maçons. Nous voyons là, manifestée d'une façon éclatante, cette particularité que nous avons relevée dans la Franc-Maçonnerie française d'avant la Grande Révolution : un double personnel associé sur « les colonnes des temples ». D'un côté, les partisans du régime existant ; de l'autre, ceux qui sont destinés à renverser ce régime et à prendre la place des occupants. Et tous se considérant comme des frères. Ici les futurs membres du gouvernement révolutionnaire ; là, le Conseil suprême où figuraient le comte de Saint-Laurent, le comte Le Peletier d'Aunay, le comte de Chabrillan, le prince de Wurtemberg, le comte Fernig, le duc Decazes. Une fois la Révolution accomplie, ces personnages se trouvaient avoir travaillé au renversement du régime auquel ils étaient attachés par leurs sentiments autant que par leur situation, leur éducation et leur intérêt. Ils avaient contribué à ce renversement, ne fût-ce qu'en prêtant, durant des années, l'autorité de leur nom et l'appui de leur respectabilité à ceux qui devaient si bien faire mentir l'article des règlements portant que « tout franc-maçon est nécessairement un homme fidèle à son prince ». De pareils faits ne nous montrent-ils pas combien l'étude de la question maçonnique exige de réflexion ? Savoir ce qu'a fait la Franc-Maçonnerie ne nous servirait pas beaucoup, au point de vue pratique, puisque cette institution ne cesse de se contredire, si nous ne découvrions la cause et la loi de ses contradictions.

Puisque presque tous les membres du gouvernement provisoire de 1848 étaient francs-maçons, la Franc-Maçonnerie avait toutes raisons pour défendre la République qu'elle avait instituée. Or, elle la trahit comme elle avait trahi tous les autres gouvernements. Voici, en effet, ce que nous révèle un adepte, le F∴ Rebold. Dans son *Histoire des Trois Grandes Loges de francs-maçons en France*, ce F∴ donne le texte d'une adresse qui fut envoyée par le Conseil du Grand-Maître du Grand-Orient de France au Prince-Président de la République, le 15 octobre 1852, c'est-à-dire dix mois après le Coup d'État et six semaines avant la proclamation de l'Empire. Cette adresse se terminait de la façon suivante :

« La vraie lumière maçonnique vous anime, Grand Prince. Qui pourra jamais oublier les sublimes paroles que vous avez prononcées à Bordeaux ? Pour nous, elles nous inspireront toujours et nous serons fiers d'être, sous un pareil chef, les soldats de l'humanité.

« La France vous doit son salut (c'est évidemment au coup d'État que l'adresse faisait ici allusion) ; ne vous arrêtez pas au milieu d'une si belle carrière ; assurez le bonheur de tous en plaçant la couronne impériale sur votre noble front ; acceptez nos hommages et permettez-nous de vous faire entendre le cri de nos cœurs : « Vive l'Empereur ! »

Vive l'Empereur, six semaines avant l'Empire ! N'avons-nous pas ici la preuve que la Franc-Maçonnerie a contribué à la ruine de la République de

Quarante-Huit, comme à celle des gouvernements antérieurs ?

Et elle fit de même pour le Second Empire. Bien qu'elle eût applaudi au coup d'État, qu'elle eût fait entendre « le cri de son cœur » à celui qui l'avait exécuté et qui en avait bénéficié, bien qu'elle l'eût invité à « mettre la couronne impériale sur son noble front », elle travailla à sa chute, en le stigmatisant cyniquement sous ce qualificatif : « l'homme du Deux-Décembre ». De ce Deux-Décembre à propos duquel elle avait écrit : « la France vous doit son salut. Ne vous arrêtez pas au milieu d'une si belle carrière. » Et, sans s'embarrasser des lois les plus élémentaires de la pudeur politique, elle mit dans cette nouvelle lutte une telle passion que, pour ne pas voir le gouvernement impérial appuyé sur un armée forte, elle ne craignit pas d'exposer notre pays aux pires catastrophes. Lorsqu'en 1867, le maréchal Niel, ministre de la Guerre, voulut apporter dans notre organisation militaire les changements qui lui semblaient commandés par le formidable accroissement de la force prussienne après Sadowa, il se heurta à une opposition maçonnique si violente qu'il ne put réaliser que d'une manière insuffisante les réformes considérées par lui comme indispensables. Il en résulta que la France, acculée à la guerre de 1870 par la dépêche truquée d'Ems, se trouva engagée dans des conditions d'infériorité qui devaient la conduire à Sedan [1]. Or, la Franc-Maçonnerie qui agissait ainsi avait eu pour Grands-Maîtres, sous le Second Empire, des généraux dési-

---

[1] Voir à ce sujet le beau livre de M. GEORGES GOYAU : *L'Idée de Patrie et l'Humanitarisme*. Librairie académique Perrin, Quai des Grands-Augustins, Paris.

gnés par l'Empereur, et elle affirmait solennellement dans ses statuts qu'elle ne s'occupait pas de politique.

Nous venons de voir qu'en 1846, elle proclamait dans les règlements du Rite Ecossais que « tout franc-maçon est nécessairement un homme fidèle à sa foi, à son prince, à sa patrie et soumis aux lois ». Sous le Second Empire, elle déclarait dans l'article 11 des nouveaux règlements de la *Constitution de l'Ordre Maçonnique en France*, que « la Franc-Maçonnerie ne s'occupe ni des diverses religions répandues dans le monde, ni des Constitutions des États. » Elle ajoutait : « Dans la sphère élevée où elle se place, elle respecte la foi religieuse et *les sympathies politiques de chacun de ses membres. Aussi, dans ses réunions, toute discussion à ce sujet est-elle formellement interdite.* » Ce n'était plus tout à fait la même chose qu'en 1846. Elle exigeait alors ou semblait exiger la fidélité au Prince ; tandis qu'en 1854, elle « respectait les sympathies politiques de chacun de ses membres ». Elle complaisait ainsi aux amis du gouvernement en affirmant que toutes discussions politiques étaient « formellement interdites » dans les loges. Donc pleine tranquillité pour le parti qui occupait le pouvoir. Et, en même temps, elle ouvrait sa porte aux honnêtes gens de tous les autres partis, en les laissant libres dans leurs « sympathies politiques ».

Le rapporteur qui présentait à l'adhésion des francs-maçons français les *Statuts et Règlements généraux de l'Ordre maçonnique en France*, édités en 1854, écrivait les lignes suivantes qui montrent bien le souci qu'ont les inspirateurs secrets de l'école clandestine maçonnique d'attirer à celle-ci les

hommes animés de l'esprit de conservation sociale...
mais, nous le savons maintenant, afin de les transformer.

« Notre Ordre est en butte, depuis des siècles, à
de fâcheuses préventions des gouvernements et du
sacerdoce. On l'apprécie mal, parce qu'il est mal
connu ; les mystères dont il s'entoure suffisent pour
le rendre suspect ; et cependant ses principes ne
froissent ni les convictions religieuses ni les convictions politiques. La Maçonnerie est amie de l'ordre,
de la paix, et pleine de respect pour tout ce qui se
rapporte à Dieu et pour tout ce qui est dû aux lois.
Elle n'a jamais voulu être une religion, mais seulement une association d'hommes qui, laissant à chacun son culte et sa foi, *s'unissent pour adorer le
Créateur des Mondes, et pour travailler en commun
à l'édification de leur âme et au bonheur de l'humanité.* »

« L'édification de leur âme » ! C'est écrit ; c'est
imprimé !

Après de pareilles déclarations, comment les
Français qui étaient sollicités par les recruteurs maçonniques auraient-ils pu supposer qu'une association composée d'aussi saints hommes fût capable
de les engager dans des entreprises de perturbation
politique, sociale ou nationale ? Comment auraient-
ils pu croire qu'elle ferait un jour des efforts inouïs,
sans s'arrêter au danger auquel elle exposait la
France, pour que s'effondrât dans la honte ce Second Empire qu'elle avait appelé de ses vœux, à la
proclamation duquel elle avait formellement incité
le futur Empereur ?

C'est après toutes ces trahisons qu'a lieu la trahison suprême, celle qui est l'aboutissement des premières. L' « anticléricalisme » est ici le grand moyen employé par les chefs occultes et voici la manœuvre en deux temps qu'ils opèrent.

Sous les régimes de forme monarchique ils avaient fait en sorte que les souverains fussent amenés à prendre le plus souvent possible des francs-maçons pour ministres. Ils avaient dirigé le recrutement des loges et avaient inspiré à l'institution les attitudes voulues pour arriver à ce résultat. Sous la République, ce n'est plus un homme, le monarque, qu'il s'agit de circonvenir ; c'est la masse des citoyens, c'est le suffrage universel. Les chefs occultes modifient le recrutement en conséquence et ils inspirent les tactiques nécessaires. L'école clandestine leur sert à exciter furieusement chez leurs adeptes et dans les masses la passion antireligieuse. C'est le premier temps. Après quoi, ils n'ont plus qu'à flatter cette passion antireligieuse pour diriger presque à leur gré la politique de la France. Les candidats francs-maçons n'ont qu'à parader plus anticléricalement que leurs rivaux dans les luttes électorales ; ils sont certains d'être élus. C'est en vain qu'on montre alors au peuple qu'il se laisse ravir, au profit d'une société secrète, la souveraineté qu'il s'imagine posséder. Tout à la passion antireligieuse qu'on lui a inculquée, il ne veut rien voir autre chose ; et il nomme les candidats francs-maçons sans se douter de l'asservissement qu'il se prépare.

En 1902, au banquet de clôture du Convent du Grand-Orient de France, le F.·. Delpech, sénateur, et en même temps l'un des représentants les plus autorisés de la Franc-Maçonnerie française, prononçait un discours qui a été souvent cité, mais dont nous reproduisons néanmoins le passage essentiel, parce qu'il donne idée, mieux qu'aucun autre document, du ton auquel était alors monté le fanatisme antireligieux des loges françaises.

« Le triomphe du Galiléen a duré vingt siècles, s'écriait le F∴ Delpech, dans un accès d'exaltation qui soulevait les clameurs enthousiastes de ses auditeurs. Il se meurt à son tour. La voix mystérieuse qui, jadis, sur les monts de l'Épire, annonçait la mort de Pan, annonce aujourd'hui la fin du Dieu trompeur qui avait promis une ère de justice et de paix à ceux qui croiraient en lui. L'illusion a duré bien longtemps ; il disparaît à son tour, le Dieu menteur ; il s'en va rejoindre dans la poussière des temps les autres divinités de l'Inde, de l'Égypte, de la Grèce et de Rome qui virent tant de créatures abusées se prosterner au pied de leurs autels. Francs-Maçons, il nous plaît de constater que nous ne sommes pas étrangers à cette ruine des faux prophètes. L'Église Romaine, fondée sur le mythe galiléen, a commencé à déchoir rapidement le jour où s'est constituée l'association maçonnique. Au point de vue politique les francs-maçons ont souvent varié. Mais en tous temps la Franc-Maçonnerie a été ferme sur ce principe : guerre à toutes les superstitions, guerre à tous les fanatismes. »

Voilà sous quel aspect voulait qu'on l'envisageât, en 1902, l'institution qui avait dit si longtemps : « Tout maçon est *nécessairement* un homme fidèle à sa foi… », qui s'était déclaré « une association d'hommes s'unissant pour adorer le Créateur des

Mondes et pour travailler en commun à l'édification de leur âme. »

On ne s'en tenait pas là. Un mois à peine après le discours du F.·. Delpech paraissait le premier numéro de la revue l'*Acacia*, fondée par des adeptes qualifiés, avec l'approbation de l'autorité supérieure maçonnique. Voici la déclaration qu'elle inscrivait dans son article programme :

« La Franc-Maçonnerie, c'est une association, une institution... Ce n'est pas cela, c'est plus que cela. Soulevons tous les voiles au risque de provoquer les protestations. La Franc-Maçonnerie, c'est une Église : la contre-Église, le contre-Catholicisme, l'autre Église, l'Église de l'hérésie ; l'Église catholique étant considérée comme l'Église type, la première, celle du dogmatisme et de l'orthodoxie. »

Toutes les déclarations faites par les francs-maçons français de cette époque correspondaient à celles que nous venons de reproduire. Le fanatisme dont elles témoignent n'était pas simulé. Mais il n'avait été créé que par une succession de manœuvres inspirées par des volontés inconnues. Et il tendait à ce résultat que les francs-maçons français ne devaient apercevoir que trop tard : l'aveuglement en face du péril créé par l'ambition, par la volonté de conquête du Pangermanisme.

Il en est donc bien comme nous l'avons dit. La revue des faits maçonniques à laquelle nous venons de procéder nous montre la répétition constante de la contradiction qui s'est produite sous nos yeux à propos de la Grande Guerre et qui apparaît, au premier abord, comme invraisemblable, comme impossible. Elle est possible, puisqu'elle n'a jamais cessé d'exister dans notre pays ; puisque, sous tous les régimes, l'extraordinaire phénomène s'est produit. De sorte que l'histoire de la Franc-Maçonnerie française se résume en ces quelques lignes :

Depuis la fin du premier quart du XVIIIe siècle, des Français, dont un grand nombre étaient recommandables par leur situation et souvent par leur caractère, ont toujours été attirés dans les loges par des déclarations mensongères. Ces Français étaient attachés à l'ordre de choses existant, en raison de leur position sociale, de leur éducation, de leurs sentiments. Ils avaient intérêt à sa conservation. Et toujours, en dépit du programme par lequel on les avait séduits, ils furent amenés à faire ce qu'il fallait pour que l'ordre français fût détruit.

Voilà le grand enseignement à retenir. Mais il y a lieu de le compléter ainsi qu'il suit :

Comme les manœuvres tendant à ces destructions ont toujours présenté le caractère de la trahison, on a été tout naturellement porté, lorsqu'on les a découvertes, à considérer les francs-maçons comme des traîtres. Après l'examen auquel nous venons de nous livrer, ils apparaissent au contraire comme des trahis. La Franc-Maçonnerie leur a toujours menti. Ou plutôt, non pas la Franc-Maçonnerie, mais les exploiteurs qui se cachent derrière elle. Ces exploiteurs ont besoin que des honnêtes gens entrent dans les loges. Ils sont ainsi bien mieux couverts que par des bandits. C'est pourquoi ils ont toujours multiplié dans leurs statuts les déclarations mensongères : pourquoi ils ont proclamé leur respect de tout idéal religieux ; pourquoi ils ont affiché un but élevé. Il s'agissait de tromper ceux dont ils se proposaient de faire leurs adeptes : c'est l'évidence même. Et il est non moins évident qu'une fois ainsi trompés et après qu'ils ont laissé garrotter leur conscience par un serment extorqué, ces soi-disant initiés ont toujours été en butte à d'autres manœuvres tout aussi frauduleuses. Nous en avons pour preuve la succession des constatations que nous avons rassemblées dans les chapitres qui précèdent.

Dans ces conditions, l'école clandestine maçonnique est bien un organisme de trahison ; mais contre qui les ressorts de cet organisme sont-ils tendus ? D'abord contre les francs-maçons. Voilà le caractère particulier et essentiel de cette institution.

La question maçonnique revêt ainsi un tout autre aspect que celui sous lequel on l'avait envisagée jusqu'en 1914. On s'en prenait aux adeptes. Et combien inutilement ! A quels chétifs résultats ont abouti tant d'actes d'accusation dressés contre eux ! C'est qu'on se trompait. On ne voyait dans la Franc-Maçonnerie que les Français qui y sont rassemblés. Et parce qu'on ne voyait qu'eux, on leur attribuait toutes les responsabilités. Tandis que ce qu'il importe de chercher, c'est ce par quoi et ce pourquoi ils ont été tous trompés et trahis successivement et si complètement.

Longtemps on a pu croire que l'entreprise maçonnique tendait au remplacement d'un parti politique par un autre, ou à l'établissement de la République universelle, ou à la destruction du Catholicisme, ou enfin au renversement de tout ordre social, à l'anarchie pour l'anarchie. Ce sont là maintenant des vues périmées.

La Franc-Maçonnerie ne visait pas, avant 1914, à arracher le pouvoir à certains Français pour le donner à d'autres, puisque c'est elle qui régnait et gouvernait. Elle ne visait pas à l'établissement d'une République universelle, puisqu'ayant la République en France, elle préparait l'écrasement de cette République au profit de l'oligarchie pangermaniste. Il ne pouvait non plus être question pour elle de l'anéantissement du Catholicisme, puisqu'en travaillant pour l'Allemagne, elle s'exposait à voir détruite l'œuvre de laïcisme athée qu'elle avait accomplie. Enfin, elle ne poursuivait pas un but anarchique, car cette Allemagne dont la politique maçonnique devait assurer le triomphe était tout autre chose que le pays du désordre, de l'indiscipline et de l'anarchie. *La Franc-Maçonnerie travaillait pour le Pangermanisme, contre la France.* Et elle se livrait à cette besogne dans la pleine inconscience des francs-maçons français qu'elle trahissait en même temps qu'elle trahissait leur pays. Voilà la réalité.

Les francs-maçons français trahis comme la France, avec la France ! Certes, une telle affirmation est pour surprendre. Elle est aussi de nature à blesser le sentiment de certains adversaires de la Franc-Maçonnerie. Elle heurte directement l'opinion qu'ils avaient de cette institution. Mais nous sommes devant un problème dont l'intérêt français, et même l'intérêt mondial exigent que nous trouvions la solution. Nous devons, par conséquent, commencer par envisager les choses telles qu'elles sont. Loyauté avant tout. Nous ne pouvons que nous en bien trouver.

Puisque tant de Français honnêtes appartenant

aux partis les plus opposés ont été successivement attirés dans la Franc-Maçonnerie pour y être amenés à réaliser autre chose que ce à quoi ils croyaient travailler, nous devons admettre que ceux d'aujourd'hui ont été trompés comme ceux qui les ont précédés.

Et alors tout l'intérêt de la question maçonnique se trouve transporté dans cette interrogation : Par quoi et comment les francs-maçons français peuvent-ils être trompés dans la Franc-Maçonnerie ? Qu'est-ce qu'il y a dans cette institution, à côté d'eux, qu'ils n'aperçoivent pas, par quoi ils sont manœuvrés ? Comment est combiné le piège extraordinaire dans lequel on les attire ?

Tel est le problème à résoudre. Par ce qui s'est passé depuis 1914, nous pouvons juger qu'à ce problème le destin de la France est attaché.

TROISIÈME PARTIE

EXPLICATIONS DU PROBLÈME MAÇONNIQUE TENTÉES JUSQU'À CE JOUR
LA MARCHE LENTE VERS LA VÉRITÉ

CHAPITRE VI

LE PROBLÈME MAÇONNIQUE AUTREFOIS ET AUJOURD'HUI

Comment la question se présente actuellement. Nécessité d'examiner les diverses explications proposées jusqu'à ce jour. — La situation du début. Les premiers éléments d'appréciation. — Principal motif de suspicion : le secret. — Il n'était nullement motivé, comme on essayait de le faire croire, par les « mystères ». — Sa véritable raison. — C'est par le secret que la Franc-Maçonnerie est parvenue à s'emparer du gouvernement de la France. — Danger reconnu par l'un des francs-maçons les plus hauts-gradés de France. *Un cri d'alarme, par le F∴ Papus.*

Nous partons résolument de la constatation à laquelle nous a amené l'examen impartial de la succession des faits maçonniques depuis qu'il y a une Franc-Maçonnerie en France, à savoir :

Les francs-maçons français ont toujours été trompés, trahis, dans leur association secrète internationale.

Non pas seulement ceux d'avant-guerre, qui ont eu la franchise et le courage d'écrire : « Avons-nous été assez poires ! » mais ceux de toutes les époques antérieures, qui ont été réduits au même état, bien qu'ils n'aient pas le mérite du même aveu.

Nous sommes en droit de penser — et nous pensons, en effet, très fermement — que les francs-maçons français ne sont pas plus dépourvus de finesse et d'intelligence que ceux des autres pays. Comment se fait-il qu'ils finissent toujours par avoir figure de bêtes prises au piège, de quelque époque qu'ils soient, à quelque parti, opinion, ou croyance qu'ils aient appartenu ?

Nous sommes là devant un problème.

Sur ce problème, autrement dit, sur la question maçonnique, des centaines d'ouvrages ont été écrits. Que disent-ils ?

Nous ne pouvons mieux faire que de commencer par nous en enquérir.

Au moment de l'apparition de la Franc-Maçonnerie, le public français n'avait à sa disposition, pour se faire une opinion sur elle, qu'une seule source d'information : ce que disaient les Anglais qui parcouraient les différentes nations, pour l'installer partout.

Naturellement, ils la portaient aux nues.

Mais le public pouvait-il les croire en toute tranquillité d'esprit ?

Il avait plusieurs raisons de les suspecter.

En premier lieu, ces propagandistes étrangers pré-

tendaient n'avoir en vue que le bien de l'Humanité ;
et cependant ils exigeaient de ceux qu'ils cherchaient à embrigader l'obligation au secret, comme
eussent fait des malfaiteurs. C'était là une contradiction inquiétante.

D'autre part, tout en parlant de solidarité, de fraternité universelle, les colporteurs anglais de la
marchandise maçonnique créaient de petites associations très fermées. En fait, sous couleur de fraternité générale, ils introduisaient au sein des
collectivités humaines déjà constituées, des groupements qui, en s'enveloppant de secret, non seulement s'isolaient de ces collectivités, mais se mettaient au-dessus d'elles et les frappaient d'ostracisme.
C'était une autre contradiction. Les vrais apôtres de
vérité ne procèdent pas ainsi. Ils parlent publiquement. Ils se donnent à tous. S'il faut souffrir pour
le progrès moral qu'ils rêvent, ils prêchent d'exemple, au lieu de se dérober. Au besoin, ils se sacri-
fient. Pourquoi les prédicateurs de fraternité
maçonnique ne faisaient-ils pas de même ? Ce pouvait être par manque de courage. Mais ce pouvait
être aussi par ruse. Seconde raison de s'inquiéter.

Il y en avait une troisième. Ces associations secrètes dont on proposait la création dans tous les
pays devaient consentir à se subordonner d'une
manière mystérieuse à des groupements d'outre-
Manche, seuls en possession, prétendaient les propagateurs, de certains secrets symboliques importants pour le bonheur de l'Humanité. N'y avait-il
pas lieu de s'étonner en voyant des Anglais prendre
tant à cœur leur rôle de commis-voyageurs, s'il s'a-
gissait vraiment du bonheur de l'Humanité, et non
de la suprématie de l'Angleterre ?

Pour ces raisons, il devait fatalement arriver que, dès le début, certains se laisseraient prendre aux déclarations des initiateurs, tandis que d'autres refuseraient d'y croire.

Et, en effet, dès son apparition, la Franc-Maçonnerie eut ses apologistes et ses détracteurs. Les premiers chantèrent ses louanges et célébrèrent ses vertus. Mais ils parlaient sans savoir, en répétant, de confiance, ce que les Anglais leur avaient dit. Les seconds l'accusèrent, au contraire, et lui attribuèrent les plus noires intentions. Mais ils ne possédaient aucune preuve contre elle, parce qu'elle n'avait pas encore eu le temps d'agir. Considérant sa prétention au secret comme illégitime et suspecte par cela seul qu'elle était insuffisamment expliquée, ils l'anathématisaient pour ce seul motif et ils prophétisaient qu'elle serait cause des plus grandes calamités.

Une circonstance ajoutait à la confusion des idées. Dans le siècle précédent, la France avait vu naître, se développer et fonctionner durant une trentaine d'années, une grande association catholique à laquelle adhérèrent une foule d'hommes incontestablement bien intentionnés, bien qu'elle imposât, elle aussi, le secret à ses membres. Nous voulons parler de la célèbre Compagnie du Saint-Sacrement qui précéda de cent ans l'introduction de la Franc-Maçonnerie en France. Après l'avoir tolérée longtemps, Louis XIV avait fini par se convaincre qu'une telle institution était dangereuse pour l'État et il en avait ordonné la dissolution, en 1660. Mais les personnages les plus hautement qualifiés n'en avaient pas moins cru pouvoir y adhérer ; les plus insoupçonnables aussi, puisqu'elle compta parmi ses amis, si-

non parmi ses membres, le prêtre que l'Église a
canonisé comme apôtre de la charité, Saint Vincent
de Paul. C'était là un précédent que les exploiteurs
de la Franc-Maçonnerie n'avaient qu'à invoquer
pour triompher des scrupules des honnêtes gens
qu'ils cherchaient à attirer dans les loges.

Quant à savoir ce qu'ils feraient de la tolérance
qui leur serait accordée, c'était un point sur lequel
on ne pouvait être éclairé qu'après l'événement. Là
est précisément le danger de toutes les sociétés qui
imposent le secret à leurs membres, y compris celles
qui semblent tout d'abord n'avoir vraiment en vue
que « le bien ». Leurs adeptes et même leurs chefs
apparents peuvent être sincères, mais ils peuvent
être aussi trompés. Ce qui est arrivé dans la Franc-
Maçonnerie française depuis qu'elle existe, nous en
est une preuve. Il résulte de là qu'on ne sait jamais
de quel mal elles sont capables, si ce n'est lorsque
ce mal est accompli, c'est-à-dire trop tard. Par
exemple, la Compagnie du Saint-Sacrement a ceci
à sa charge : sans parler du désordre qu'elle mit
un moment dans le royaume et qui obligea
Louis XIV à la dissoudre, elle facilita l'introduction de la Franc-Maçonnerie en France. Si ses fondateurs, le duc de Ventadour et le père jésuite Ra-
pin, avaient pu deviner cette conséquence lointaine
de leur entreprise, ils auraient probablement considéré l'abstention comme plus avantageuse pour
la religion qu'ils désiraient servir.

Ceux qui abordèrent les premiers l'étude du problème sociologique, politique et national que posait

l'installation des loges en France par des étrangers, furent ainsi condamnés à tâtonner dans l'obscurité la plus noire, dans le plus profond inconnu, en se basant sur les déclarations des fondateurs ; déclarations dont le temps seul pouvait prouver ou la sincérité ou la fausseté.

Dira-t-on que, dans ces conditions, apologistes et contradicteurs eussent dû s'abstenir ?

C'était aux Anglais et à leurs adeptes, nobles et prêtres, à s'abstenir les premiers. Par cela seul qu'une association qui se manifestait publiquement, en affirmant l'excellence de son but, se permettait d'imposer le secret à ses membres, il devait fatalement arriver que, parmi les profanes, les uns, crédules ou même simplement confiants, s'enthousiasmeraient pour le but annoncé, tandis que les autres s'inquiéteraient en constatant que ce but ne justifiait en aucune manière le secret, et s'indigneraient en soupçonnant une manœuvre de mensonge et de trahison.

Les propagateurs de l'institution de soi-disant fraternité n'aboutissaient donc, comme premier résultat, qu'à des divisions.

Ils s'efforçaient pourtant de justifier l'inadmissible secret par le subterfuge suivant.

Ce secret, disaient-ils, ne porte que sur « nos mystères » ; c'est-à-dire sur des cérémonies et des pratiques qui n'ont d'intérêt que pour nous, en raison de la signification symbolique que nous leur attribuons. Ces mystères, d'une portée morale et sociale très haute, ne sont pas à la mesure de toutes les intelligences. Les esprits légers, superficiels, qui sont la majorité, les jugeraient ridicules. C'est pourquoi nous les dérobons à la connaissance du vulgaire. Notre but et nos moyens sont hors de cause. Ce n'est pas eux que nous cachons. Il n'y a donc pas lieu de les soupçonner.

On sait maintenant que ces allégations étaient fausses. Le temps en a fourni la preuve. On a fini par connaître les soi-disant mystères et l'on a pu constater à quel point ils sont grotesques et méritent peu qu'on s'engage au secret par des formules aussi grandiloquentes que celles insérées dans les rituels. C'est si vrai que de très nombreux adeptes demandent, depuis fort longtemps, la suppression de ces formules, dont le texte leur paraît aussi ridicule que les pratiques rituéliques elles-mêmes. On leur répond en leur parlant du symbolisme de ces pratiques, ridicules seulement en apparence, leur affirme-t-on ; symbolisme dont l'explication leur sera donnée... plus tard, lorsqu'ils auront mérité la faveur de recevoir des « grades » plus élevés. On leur persuade qu'ils doivent attendre cette révélation dans un esprit de soumission, et prouver ainsi leur dévouement à l'institution qui leur a fait l'honneur de les distinguer dans la foule aveugle et inconsciente. En réalité, tout cela est faux. Le symbolisme dont on les leurre est aujourd'hui connu. Il n'est pas moins ridicule que les pratiques et les formules de serment auxquelles il sert de prétexte. Il ne saurait, lui non plus, motiver le secret.

Du reste, les formules des serments ne spécifient aucune réserve. Elles obligent les adeptes à garder le secret, non seulement sur les « mystères », mais sur tout ce qu'ils pourront « voir ou entendre dans les réunions maçonniques ». Les expressions sont calculées comme il faut pour que la conscience des adeptes soit enchaînée aussi étroitement que possible. Ajoutons que de nombreux francs-maçons français ont encouru le blâme, et même subi des condamnations pour cause de manquement à leur promesse de secret, alors qu'ils avaient révélé, non les mystères, mais telles ou telles discussions politiques ayant eu lieu dans les loges. C'est là une preuve par le fait dont la signification est péremptoire.

Nous rappellerons, comme exemple, le cas d'un homme qui fut connu comme ministre des colonies et comme bon patriote, le F∴ de Mahy. Un jour, ce F∴ fut accusé dans sa loge d'avoir violé le secret maçonnique. Or, il n'avait absolument rien dit qui eût un rapport quelconque avec les cérémonies et les rites. Il avait simplement manifesté un sentiment de révolte contre une circulaire lancée par le Grand-Orient, à l'occasion d'un projet d'institution de fête nationale en l'honneur de Jeanne d'Arc ; circulaire par laquelle le Conseil de l'Ordre s'efforçait d'influencer les députés francs-maçons pour empêcher le vote du projet. Le F∴ de Mahy s'était indigné publiquement de cette intervention occulte dans la politique de la France et il avait refusé de s'y soumettre comme député, au nom des devoirs qu'il se sentait vis-à-vis de ses électeurs ; devoirs qui devaient, pensait-il, passer avant ses obligations maçonniques. Pour cette divulgation, il fut tenu en suspicion jusqu'à la fin de sa vie. Avec quelle violence il aurait protesté, s'il eût été témoin de ce qui se passe maintenant !

Nous pourrions citer beaucoup d'autres cas analogues. Rappelons simplement celui de M. Millerand, lorsqu'il dénonça la « dictature abjecte ». De quoi s'agissait-il alors ? Pas plus des cérémonies et des rites que dans le cas du F∴ de Mahy. Il était simplement question de la délation introduite dans les régiments et révélée par les fameuses fiches. M. Millerand n'ayant pu contenir son indignation lorsqu'eut lieu la révélation de ces faits qu'il ignorait, comme beaucoup d'autres francs-maçons, il eut, pour cela, l'honneur d'être exclu de la fédération du Grand Orient.

Consciemment ou sans le savoir, les propagateurs anglais de la Franc-Maçonnerie trompaient donc le public et ceux qu'ils recrutaient comme adeptes, lorsqu'ils donnaient l'obligation au secret comme motivée exclusivement par les « mystères ».

La vérité était autre. La voici.

Par lui-même et sous quelque prétexte qu'il soit imposé, l'engagement au secret est indispensable aux exploiteurs de sociétés secrètes. Non pas tant, comme on pourrait le croire, pour que ce qui se passe au sein de celles-ci demeure inconnu. Les exploiteurs savent que le plus souvent, c'est impossible. Mais ils savent tout aussi bien que cet engagement est la pierre d'assise de l'organisation occulte grâce à laquelle les sociétés secrètes les plus étrangères les unes aux autres en apparence, et même celles qui semblent et veulent être ennemies, peuvent être contraintes d'obéir, dans la pleine inconscience de leurs membres, aux impulsions d'une même volonté. C'est par cet engagement que les chefs secrets tiennent ceux à qui ils donnent les noms d'associés, d'initiés, de frères, pour les mieux tromper sur l'état de sujétion inconsciente auquel ils les réduisent. C'est par lui qu'ils les amènent à l'obéissance aveugle ; par lui qu'ils en font de simples instruments. Sans lui, pas d'autorité invisible, pas d'exploitation des volontés et des intelligences ; bref, pas de Pouvoir occulte possible.

Il faut donc, à tout prix, que l'engagement au secret soit imposé aux francs-maçons. Mais il faut en même temps que ceux-ci ignorent la véritable raison pour laquelle on les y soumet. Obligés de cacher cette véritable raison, les chefs et exploiteurs secrets de l'institution doivent la remplacer par un prétexte. Or, aucun ne convient mieux que des pratiques rituéliques ridicules, mais soi-disant symboliques, présentées comme vénérables à cause des traditions qu'elles sont supposées rappeler. Pareille fiction correspond à toutes les nécessités. Par respect pour les prétendues traditions, les adeptes consentent tout d'abord à agenouiller leur intelligence. En raison du symbolisme dont la connaissance, leur persuade-t-on, est à la fois si importante pour le bonheur de l'Humanité, et si difficile à acquérir, ils prennent ensuite l'habitude d'une patience complaisante qui les fait demeurer disciples zélés, en dépit des révoltes passagères de leur raison. Les exploiteurs ont ainsi le temps de leur déformer l'intelligence dans l'école clandestine.

Le symbolisme n'est donc qu'une apparence mensongère. On le donne comme la vraie raison du secret, alors qu'il n'en est que le prétexte. Il constitue un piège imaginé pour que l'attention des embrigadés soit détournée du point vraiment important, à savoir : que l'engagement au secret est le support indispensable d'une organisation qui fait des sociétés secrètes autant d'instruments de combat entre les mains d'exploiteurs non Français qui veulent demeurer inconnus.

Si l'on sait cela maintenant, on l'ignorait au début ; et c'est précisément à cause de cette ignorance qu'à la longue, la Franc-Maçonnerie a pu se rendre maîtresse de la politique de la France. C'est le secret et c'est l'organisation à laquelle il sert de base qui ont rendu possible cette main-mise invisible d'une association qui compte à peine, en France, un adepte sur mille Français. La guerre mondiale avait eu pour effet de modifier la situation. Mais par son travail souterrain, la Franc-Maçonnerie est parvenue à réoccuper ses positions anciennes. Depuis les élections du 11 mai, presque la moitié des députés sont francs-maçons. Les électeurs les ont nommés sans savoir qu'ils portaient ainsi au pouvoir une société secrète.

Pour que celle-ci règne et gouverne, il suffit que tous ces députés francs-maçons soient tenus à certaines obligations prévues dans ce but.

Or, il en est bien ainsi. Le lecteur peut en juger par les quelques extraits suivants du compte rendu officiel du Convent du Grand-Orient, en septembre 1923.

« Les parlementaires francs-maçons, *qui sont en quelque sorte une émanation de l'Ordre, doivent pendant leur mandat en rester tributaires...*

« En toute circonstance de leur vie politique, *ils sont dans l'obligation de se plier aux principes qui nous régissent...*

« *Ils doivent agir en vue des intérêts de la Franc-Maçonnerie...*

« Il n'est pas tolérable que des parlementaires francs-maçons *qui nous doivent leur fortune politique*, agissent selon leur intérêt personnel...

« Nous devons donc réprimer toutes les défaillances des parlementaires francs-maçons. » (Compte rendu officiel du Convent, p. 464 et 465.)

Et la France, où est-elle dans tout cela ?

Si la Franc-Maçonnerie trouve intolérable que les députés francs-maçons ne lui obéissent pas, un pays républicain peut-il, doit-il tolérer que les députés qu'il nomme pour gérer ses affaires, qu'il paye pour cela et qui, par conséquent, ne doivent pas avoir d'autre maître que lui, soient contraints de rendre des comptes à une institution à laquelle il n'a donné aucune délégation, qu'il ne connaît pas, qui se cache de lui ?

On ne saurait imaginer régime plus honteux pour une nation que cette dictature d'une société secrète.

Mais il n'y a pas que la honte. Il y a le danger. Voici celui en face duquel se trouve notre pays.

S'il est possible que la Franc-Maçonnerie domine la France, en raison du secret par lequel elle s'isole de celle-ci tout en la pénétrant, il est aussi possible qu'un groupe étranger, anglais, allemand, ou tout autre, domine la Franc-Maçonnerie, en la pénétrant et en s'isolant d'elle par un secret plus profond. Et c'est alors le gouvernement de la France aux mains de nos rivaux, de nos ennemis.

Il ne s'agit point là d'une supposition gratuite. Voici sur quoi nous l'appuyons.

D'abord, l'organisation maçonnique a pour caractéristique une superposition de sociétés secrètes ; les unes pénétrant les autres tout en s'isolant de celles-ci par le secret, comme fait l'ensemble maçonnique à l'égard du monde profane. Elle est donc constituée, organisée comme il faut pour rendre possible la domination inconnue dont nous parlons. Qui croira qu'une telle organisation existerait, si elle n'avait été conçue par un groupe secret supérieur résolu à en tirer parti ? Qui admettra qu'elle persisterait, si elle n'était maintenue par d'autres groupes, successeurs du groupe fondateur, qui savent ce que vaut un pareil instrument de domination et qui cherchent à l'utiliser ? Les francs-maçons français s'imaginent connaître la tête de leur association. On leur en montre une, en effet. Mais où est la preuve que celle-là est la vraie ? Au dessus des sociétés secrètes superposées que l'on voit, pourquoi n'y en aurait-il pas qu'on ne voit pas ?

En second lieu, nous avons un modèle de ces groupes secrets supérieurs dans l'Illuminisme allemand dont nous avons déjà parlé, et son organisation est précisément combinée de manière à se superposer à celle de la Franc-Maçonnerie dont elle est, peut-on dire, la continuation, l'achèvement, le sommet.

En troisième lieu, cet Illuminisme a cherché, dès 1780, à se subordonner les loges maçonniques créées par les propagandistes anglais et il a réussi vis-à-vis d'un certain nombre d'entre elles. Est-il mort après le procès qui fut intenté à ses chefs par le Prince-Électeur de Bavière en 1786 ? Personne ne le sait. Toutes les présomptions sont en faveur de sa survie.

Car une institution de ce genre ne meurt pas si facilement. Lorsqu'elle est surprise, ses chefs ne renoncent pas. Ils s'efforcent simplement de se mieux cacher.

Enfin, si la Franc-Maçonnerie subit, à son insu, une domination étrangère et si cette domination est pangermaniste, on s'explique les actes des francs-maçons français, avant 1870 et 1914. On ne se les explique pas sans cela.

La possibilité d'une intervention étrangère dans le gouvernement de la Franc-Maçonnerie française, et par suite dans le gouvernement de la France, a été signalée par un des plus hauts initiés parisiens, le docteur Encausse, plus connu sous le pseudonyme de docteur Papus.

En 1910, cet adepte des sociétés maçonniques supérieures a publié une brochure spécialement écrite pour les francs-maçons ainsi qu'en témoigne son titre : *Ce que doit savoir un Maître-Maçon.* Il la signait en faisant suivre son nom de tous ses grades et de toutes ses dignités maçonniques : *Docteur Papus, 33°, 90°, 96° sup. gr. Marchal of The sup. Grande Loge of Manchester. (Swed. Rite). Président de la Grande Loge Swed. de France, Chap. et Temple Enri. Vén. de la Loge symb. Humanidad, n° 240. Directeur du secrétariat de la Fédération Maç. Universelle. (Paris.)*

Après avoir constaté la complète ignorance des francs-maçons français en ce qui concerne la Franc-Maçonnerie, le haut adepte qui cumulait tous les titres maçonniques énumérés sous la signature de sa brochure a écrit ce qui suit, dans un paragraphe qu'il a intitulé : *Un cri d'alarme.*

« C'est à la suite d'une erreur capitale que la Franc-Maçonnerie française, poussée à son insu par les agents de l'étranger, s'est laissée entraîner dans les combats politiques ; on lui a montré le spectre du cléricalisme, comme on montre le manteau rouge au taureau ; on a exalté les tendances matérialistes de ses membres, sous prétexte d'en faire des « esprits libres » et des « hommes de raison », et de l'anticléricalisme à l'athéisme il n'y avait qu'un pas que les naïfs ont bientôt franchi. A quoi servait de parler de ce « Grand Architecte de l'univers » qui devait être encore quelque produit « de l'Ignorance et de la Superstition » ; à quoi bon ces symboles, « vains souvenirs d'un âge d'esclavage et d'obscurantisme » ? « Et on a biffé le Grand Architecte sur les planches et sur les diplômes et on a réduit les symboles à l'intelligence des piliers de café chargés de les expliquer.

… « Le plan de l'étranger était ainsi réalisé. Ces « hommes libres », ces « êtres à la raison éclatante et éclairée », ont été présentés au reste du monde comme des scélérats et des hommes assez vils pour mépriser le *Grand Architecte* ; et aussitôt, dans toutes les loges de l'univers, le mot d'ordre a passé rapide comme l'éclair et les portes se sont fermées, comme par enchantement, sur le nez des « libres penseurs français » indignés de trouver partout des « maçons encore attachés aux erreurs du passé ». Les malins Français se sont fait jouer comme des enfants. Leurs relations avec le reste des réunions maç∴ de l'univers étaient coupées pour la grande majorité. »

La Franc-Maçonnerie française « poussée, à son insu, par les agents de l'étranger » et « réalisant les plans » de celui-ci, en fomentant la guerre religieuse en France : quel horizon ouvert devant nos yeux par ces seuls mots, lorsque l'on considère que celui qui les a écrits était un anticlérical et l'un des francs-maçons les plus chamarrés et les plus titrés ; un 33ème dans l'une des fédérations ; un 90ème dans une autre ; un 96ème dans une troisième ; un supermaçon ! Car le F∴ Papus, outre les initiations maçonniques, en possédait d'autres.

Que penser d'une association dont — ne l'oublions pas — l'origine n'est pas française, et dans laquelle l' « étranger » peut introduire et faire prévaloir, d'une manière si continue, durant trente ans et plus, des inspirations contraires à l'intérêt de notre nation !

Que ne peut-on redouter d'une institution qui présente un tel caractère ; qui, en même temps, est internationale ; dans les loges de laquelle des mots d'ordre passent, « rapides comme l'éclair », et obéis si ponctuellement que les portes de ses loges « se sont fermées comme par enchantement, sur le nez des francs-maçons français » !... Qui ne voit les conséquences possibles d'un pareil état de choses ?

Le F∴ Papus n'en signale qu'une. Il se borne à parler des relations coupées entre les francs-maçons français et presque tout le monde maçonnique. En vérité, quelle importance cela a-t-il ? Le vrai mal, — et celui-là est immense — il faut le voir dans l'influence qu'exerçait sur le gouvernement de la France, avant la guerre, et que recommence à exercer cette Franc-Maçonnerie à travers laquelle peuvent être réalisés « les plans de l'étranger ». Voilà la circonstance vraiment redoutable, vraiment tragique. D'autant plus que, si l'on se demande quel est cet « étranger » que Papus ne nomme pas, comment ne pas penser au Pangermanisme qui avait tant intérêt, avant 1914, à l'affaiblissement résultant de nos divisions et à l'insuffisance de notre préparation militaire ; qui avait une loge allemande à Paris, comme il en avait une avant 1870 ; qui nous a prouvé, depuis l'armistice, son expérience dans le maniement des sociétés secrètes inférieures, *et dont les chefs n'ont eu, pour acquérir cette expérience, qu'à profiter des leçons contenues dans les documents relatifs à l'Illuminisme !...*

Mais, encore une fois, on ignorait tout cela lorsque la Franc-Maçonnerie était introduite en France. Le temps seul devait dévoiler peu à peu ce que cachait le secret dont ses fondateurs l'enveloppaient, sous prétexte de mystères et de symbolisme. On ne savait que ce qu'il plaisait aux initiateurs anglais de dire. Puisqu'on permettait à l'étrange institution de s'installer, on était condamné à attendre les événements pour la juger en connaissance de cause.

CHAPITRE VII

RENSEIGNEMENTS FOURNIS SUR LA FRANC-MAÇONNERIE PAR LES AUTEURS FRANCS-MAÇONS

Premiers ouvrages sur la Franc-Maçonnerie. Écrits par des adeptes, ils ne contiennent que des affirmations incontrôlables qui ont pour but de faciliter le recrutement des loges. — Période d'installation. — Première étude documentaire, en 1797, par le jésuite Barruel. Elle concerne moins la Franc-Maçonnerie que l'Illuminisme de Weishaupt. — Beaucoup d'autres ouvrages publiés au cours du XIXe siècle sont de nouveau écrits par des francs-maçons. — Les plus qualifiés parmi ceux-ci reconnaissent qu'ils ne savent rien de certain sur l'origine de leur association. — D'autres signalent des faux commis par les premiers initiateurs et par les créateurs des hauts grades. — Double enseignement qui résulte néanmoins de leurs recherches.

Les premiers ouvrages écrits en France sur la Franc-Maçonnerie eurent des francs-maçons pour auteurs.

C'était dans la logique des choses. Les initiateurs désiraient que le monde fît bon accueil à l'institution qu'ils propageaient. Ils voulaient que celle-ci recrutât beaucoup d'adeptes. Il leur fallait bien dire et faire dire quelque chose sur elle, en dépit du secret dont ils prétendaient l'envelopper.

En 1747 était publiée une *Apologie pour l'Ordre des francs-maçons* qui nous donne le ton général des ouvrages que les initiateurs permirent tout d'abord à leurs adeptes de publier. Elle avait pour auteur le F.·. de la Tierce. On y lisait :

« Représentez-vous un homme craignant Dieu, fidèle à son prince... voilà le maçon. Voilà ses mystères ; voilà son secret... Celui qui s'écarte des lois de la Religion n'est point maçon. Il en usurpe le nom ; il n'a jamais mérité de le porter. »

Il ne fallait pas moins que de pareilles déclarations pour que la Franc-Maçonnerie arrivât à se faire tolérer et à recruter les nobles et les prêtres qui disposaient, à cette époque, de l'influence politique et sociale. C'est de là qu'elle était obligée de partir, elle qui devait aboutir aux propagandes anti-nationales auxquelles nous l'avons vue se livrer en France dans les années qui précédèrent la Grande Guerre. Et ceci explique que les certitudes qui ont été successivement acquises à son sujet aient toujours commencé par présenter un caractère négatif. On ne pouvait parvenir à savoir ce qu'elle est qu'à force de découvrir ce qu'elle n'est pas, en constatant qu'elle travaille toujours à la réalisation d'un autre but que celui qu'elle annonce. Par exemple, c'est lorsqu'elle se préparait à creuser des mines destinées à faire sauter le Catholicisme et la Monarchie, qu'elle définissait le maçon « un homme craignant Dieu et fidèle à son prince ». Affirmera-t-elle plus tard, en contredisant ses premières déclarations, qu'elle a pour but la destruction des religions ? Ce sera lorsqu'elle se trouvera employée, sans que ses adeptes aveuglés s'en aperçoivent, à la préparation de la grande ruée germanique de 1914.

En ce moment, elle se proclame la servante de la Démocratie. Mais en réalité, sa politique tend à ressusciter les anciennes haines, à diviser de nouveau les Français et à préparer les bouleversements sociaux à la suite desquels la France se trouvant livrée sans défense aux chefs du Pangermanisme, nos francs-maçons, dépossédés du pouvoir qu'ils occupent, clameraient de nouveau : Avons-nous été assez poires !

*
* *

Tant que les initiateurs jugèrent nécessaire d'assoupir les défiances causées par l'obligation au secret, les ouvrages publiés par les francs-maçons sur leur association répétèrent ce qu'avait dit en 1747 le F∴ de la Tierce. Trouver des recrues, durer, enfoncer de solides racines dans le sol français, ce fut alors le seul objectif qu'ils envisagèrent pour les loges françaises.

Celles-ci semblaient d'ailleurs, dans cette première période, tout à fait inoffensives, non seulement parce qu'elles affirmaient le respect de la religion et la fidélité au prince, mais aussi parce qu'elles n'étaient pas liées, comme maintenant, les unes aux autres. Chacune d'elles était, en quelque sorte, la propriété de son vénérable ou président. On était alors, en effet, vénérable à vie. Sauf en ce qui concerne l'engagement au secret, indispensable pour la raison que nous avons dite, toutes les précautions étaient prises pour écarter les inquiétudes et les soupçons. Tel était l'objectif immédiat.

En 1772, les successeurs des initiateurs estimèrent que l'existence et le libre fonctionnement des loges étant assurés, ils pouvaient inaugurer sans danger la période d'action. On vit alors se produire un grand changement dans l'organisation maçonnique en France. Les loges furent réunies en une fédération qui, après quelque hésitation sur le choix du titre, finit par adopter celui de *Grand-Orient de France*. Aux petits groupes isolés, donc sans force, succédait ainsi un ensemble dont la puissance pouvait devenir rapidement dangereuse.

Quelques années après cette transformation, furent publiées des brochures dont les auteurs dénonçaient la Franc-Maçonnerie comme tramant des complots contre la religion, contre l'État, contre l'ordre social. Il y eut même des francs-maçons parmi ces accusateurs. Tel le F∴ marquis de Virieu qui, revenant du congrès de Wilhelmsbad (1782) où l'Illuminisme allemand avait commencé à nouer ses intrigues en vue de la domination occulte, annonçait une révolution si savamment ourdie que l'Église et les gouvernements, disait-il, auraient bien de la peine à ne pas succomber. Mais ce n'était là que des pré-jugements ; et ceux qui les formulaient étaient dans l'impossibilité d'apporter aucune preuve. Encore une fois, on ne peut juger les sociétés secrètes que lorsqu'ont éclaté les maux qu'elles préparent. Et c'est là le danger.

En 1797, parut un ouvrage qui allait ouvrir la période des constatations documentaires.

La Terreur avait eu lieu et des traces de sa préparation secrète existaient. On pouvait donc établir un rapprochement entre le fait accompli et sa cause occulte.

C'est ce que fit un jésuite français, le P. Barruel, dans les cinq volumes qu'il publia sous le titre de *Mémoires pour servir à l'histoire du Jacobinisme.*

Mais ce n'est pas en France que Barruel relevait les traces démontrant la préparation occulte de la Terreur ; c'est en Allemagne, au sein de cet Illuminisme qu'avait fondé Weishaupt, professeur à l'Université d'Ingolstadt.

Coïncidences remarquables : le 1er mai, Weishaupt s'inscrivait en tête de la liste des Illuminés ; et le 1er mai est devenu, sans qu'on sache pourquoi, le jour de fête de l'anarchie. Il choisissait le pseudonyme de Spartacus comme nom de guerre ; et ce même pseudonyme était celui que devait prendre le chef de la Révolution allemande de 1918-1919.

Dix ans après la fondation de l'Illuminisme, la correspondance des chefs de l'Ordre avait été surprise par la police du Prince Électeur de Bavière, ainsi que les cahiers des grades et une foule d'autres documents originaux. Par ordre du souverain un procès fut alors instruit. Toutes les pièces saisies, après avoir été produites devant le tribunal, furent imprimées. Un exemplaire fut envoyé à chaque chef d'État européen, tandis que les documents originaux étaient déposés à la bibliothèque de Munich et mis à la disposition de qui voudrait prendre la peine de les étudier.

C'est à cette source que puisait Barruel, en 1797, pour établir que les principes et les procédés qui avaient eu leur application en France pendant la Terreur étaient ceux de l'Illuminisme allemand. Il montrait en outre que l'ordre des Illuminés était constitué par un ensemble de « grades » superposés, que dominait un Aréopage composé de douze membres, présidés par Weishaupt comme général. Il faisait le récit des manœuvres par lesquelles ce même Weishaupt avait cherché lors du Congrès de

Wilhelmsbad à subordonner à son Illuminisme les loges que les Anglais avaient pris tant de peine à répandre partout. Il affirmait que plusieurs loges françaises avaient été « illuminisées » par l'intermédiaire d'un certain nombre de leurs membres, parmi lesquels il citait Mirabeau. Mais en quoi consistait au juste « l'illuminisation » dont il parlait ? Là-dessus, Barruel restait dans le vague. De sorte qu'en ce qui concerne les crimes de la Terreur, il était impossible, après qu'on l'avait lu, de préciser quelle part de responsabilité revenait aux Illuminés allemands et quelle était celle qui restait à la charge des Jacobins français.

D'autre part, Barruel présentait les Illuminés comme dominés par la rage de la destruction. Détruire pour détruire, tel était, d'après lui, le but de leur Ordre. Ramener les hommes à l'état de barbarie, de sauvagerie primitive, tel était leur idéal.

En fait, cet idéal était bien formulé et même développé avec abondance de sophismes dans les cahiers de l'Illuminisme. Mais sa réalisation était-elle le but ultime de l'institution ? ou bien ne s'agissait-il que d'un moyen pour arriver à autre chose ?

Cette seconde hypothèse était plus vraisemblable que la première, car on ne détruit généralement pas pour le seul plaisir de détruire. Mais Barruel ne s'y arrêtait pas. Pour lui, Weishaupt était un suppôt de l'Enfer, et son Illuminisme une construction satanique. Tout lui paraissait s'expliquer par là le plus simplement du monde. Il introduisait ainsi le mysticisme dans une question qui comportait une tout autre explication. Et c'était assez pour que son ouvrage, au lieu d'être étudié d'une façon positive et scientifique dans sa partie documentaire, fût discuté avec passion, au seul point de vue des tendances de l'auteur. Or ce n'est pas avec de la passion qu'on peut résoudre de pareils problèmes ; c'est avec de la réflexion.

Barruel n'apprenait d'ailleurs pas grand'chose sur la question maçonnique proprement dite. Il l'obscurcissait même plutôt, par suite de la circonstance suivante. Pendant la Terreur, il s'était réfugié en Angleterre. Il avait eu ainsi occasion d'observer la Franc-Maçonnerie anglaise et il parlait d'elle en termes favorables. Or, les loges de France étaient filles de la Grande Loge de Londres, et sœurs des loges anglaises. Comment le public pouvait-il s'expliquer, dans l'ignorance complète où l'on était alors de la question, qu'une institution qu'on lui disait si inoffensive, si respectable même au delà du détroit, pût n'avoir pour but en France que la destruction ? En raison, disait Barruel, des inspirations émanant de l'Illuminisme. Alors, pourquoi la Grande Loge de Londres était-elle incapable de faire prévaloir ses vues dans les loges françaises qu'elle avait fondées ? Cela encore, Barruel ne le disait pas et ne pouvait pas le dire.

En dépit de sa précieuse documentation relative à l'Illuminisme sur laquelle nous aurons à revenir, il laissait donc la question maçonnique proprement dite dans une obscurité à peu près complète. Mais personne n'aurait pu faire mieux alors. Il fallait que le temps permît d'autres découvertes. La Franc-Maçonnerie continua donc d'être tolérée par l'opinion et par les différents gouvernements qui se succédèrent en France depuis le commencement du XIX° siècle ; et ses secrets exploiteurs eurent ainsi tout loisir de l'employer à la préparation d'autres destructions tendant toujours à la division entre Français, donc à la diminution de la force française.

Toutefois l'attention était désormais sérieusement attirée sur elle ; tout au moins celle d'un certain nombre de chercheurs.

L'ouvrage de Barruel créait par là même un véritable danger pour les grands chefs occultes, en ce qu'il donnait l'idée de rapports pouvant exister entre des sociétés secrètes en apparence étrangères, séparées même par des frontières, et en ce qu'il laissait entrevoir la subordination des unes vis-à-vis des autres. Cela pouvait conduire à la conception d'une organisation générale susceptible de constituer de véritables États occultes disposant du contrôle d'un nombre plus ou moins considérable de sociétés secrètes ou se le disputant. C'est probablement pourquoi aucun ouvrage relatif à la question maçonnique n'a été aussi attaqué que celui-là.

C'est qu'en effet, l'organisation dont nous parlons existe. Mais pour qu'elle donne les résultats attendus par ceux qui en détiennent la direction, il est de toute nécessité qu'elle demeure inconnue des adeptes qu'elle subordonne. On comprend, dès lors, les efforts de ceux qui en bénéficient, et toutes les roueries qu'ils imaginent, tous les mensonges qu'ils débitent, tous les crimes qu'au besoin ils sont prêts à commettre pour qu'elle demeure ignorée. Elle existe ; et c'est parce qu'elle existe que l'effroyable guerre a eu lieu. C'est parce qu'elle existe qu'une autre guerre, plus effroyable encore, menace tous les peuples, à moins que les guides de ceux-ci n'apprennent enfin à faire ce qu'il faut contre les sociétés secrètes. On cherche les véritables auteurs de l'immense conflit. Ce sont les grands chefs occultes qui emploient ces sociétés secrètes à préparer les lentes désorganisations sociales par lesquelles sont produits les déséquilibres nationaux annonciateurs des luttes mortelles entre les peuples dévorateurs et les peuples qui ne veulent pas se laisser dévorer.

Pour parer au danger résultant de la publication de l'ouvrage de Barruel, qui eut plusieurs éditions, ces grands chefs occultes suggestionnèrent un certain nombre d'écrivains francs-maçons auxquels ils racontèrent les histoires les plus mensongères sur l'origine de leur association, ainsi que sur ses rites et ses prétendus symboles. Ils leur laissèrent ensuite la liberté d'écrire ce qui leur avait été dit, c'est-à-dire de tromper le monde profane et les francs-maçons, en croyant les éclairer.

C'est ainsi que parmi les très nombreux ouvrages qui furent consacrés à la Franc-Maçonnerie au cours du XIXᵉ siècle, beaucoup eurent des francs-maçons pour auteurs.

Deux particularités sont à retenir en ce qui concerne ces auteurs francs-maçons.

1° Ils reconnaissent l'impossibilité de savoir à quoi s'en tenir au sujet des origines de la Franc-Maçonnerie.

2° Non seulement ils avouent cette impossibilité ; ils vont jusqu'à signaler l'existence de faux documents. Ils constatent des mensonges qui prouvent qu'une volonté perverse est constamment appliquée à rendre le problème maçonnique insoluble.

Le F∴ Thory écrit dans son *Histoire de la fondation du Grand-Orient de Paris* : « L'origine de la Franc-Maçonnerie est un problème qui a donné lieu à toutes sortes de systèmes ; elle est un océan immense sur lequel chacun s'embarque et revient sans être plus instruit. »

De son côté le F∴ Ragon, que ses frères français considèrent comme le meilleur interprétateur des soi-disant symboles, et à qui ils ont décerné le titre d' « auteur sacré » de la Franc-Maçonnerie, ouvre la préface de son *Orthodoxie maçonnique* par cette constatation mélancolique :

« Pendant notre carrière maçonnique qui, déjà, date d'un demi-siècle, nous avons eu, dans nos excursions aux États-Unis, en Angleterre, en Hollande, en Belgique, dans une partie de l'Allemagne, en Suisse et en France, dans nos principales villes si richement peuplées d'hommes instruits, bien des occasions de fraterniser et de converser avec des maçons de considération, dont les dignités et les grades étaient éminents et presque toujours, l'érudition profane se trouvait bien supérieure à l'instruction maçonnique. Il n'y avait, sauf de rares exceptions, aucune unité de pensées, aucune fixité de vues, aucune opinion bien arrêtée sur l'origine de l'Ordre, sur son but secret, sur les conjectures qu'on doit tirer des ébauches initiatiques consignées dans les trois grades symboliques ; réfutait-on un jugement qui venait d'être porté, la réplique était : vous pourriez bien avoir raison... »

Bref, les francs-maçons ne savent pas. Et ils ne savent pas, parce que les fondateurs et leurs successeurs, grands chefs et grands exploiteurs de l'organisation occulte, ne veulent pas qu'ils sachent.

Il n'y a plus maintenant à douter de la duplicité de ces fondateurs et exploiteurs de la Franc-Maçonnerie. Les preuves sont plus que suffisantes. Elles résultent de ce double fait : que certains documents ont été brûlés à dessein au moment de la constitution de la Grande Loge de Londres ; tandis que d'autres, produits à des époques diverses pour servir de base à l'histoire de la Franc-Maçonnerie, furent reconnus par la suite faux ou adultérés.

Considérable est le nombre des falsifications qui furent ainsi commises par les exploiteurs de la Franc-Maçonnerie.

Les plus qualifiés parmi les écrivains maçonniques s'en indignent. Le F.·. Rebold s'est répandu en malédictions, dans son *Histoire des Trois Grandes Loges de France*, contre les inventeurs de « hauts grades », en qui il ne voit que mensonge, fourberie, cynisme.

Cette liberté de langage chez un auteur franc-maçon s'explique de la manière suivante :

Dans le monde occulte, les grands chefs ou exploiteurs ne transmettent pas leurs volontés par ordres donnés, parce que leur première règle est de ne pas se manifester. Ils procèdent par suggestions transmises de manière à ce que ceux qui les reçoivent n'en puissent connaître les véritables auteurs. Ils appliquent cette règle lorsqu'ils jugent utile qu'un franc-maçon publie un ouvrage sur la Franc-Maçonnerie. Ils se gardent bien de lui en donner l'ordre. Ils se bornent à le suggestionner par voies indirectes. Ils sont, en conséquence, obligés de lui laisser une indépendance relative, en cherchant simplement à le tromper sur tel ou tel point.

Les auteurs francs-maçons sont d'accord pour raconter que leur association tire son origine des anciennes corporations de maçons constructeurs.

La version mise en circulation par eux est celle-ci.

Les associations de maçons constructeurs de cathédrales, après avoir été très prospères, en étaient venues à péricliter par suite du manque de travaux, lorsque les grands édifices religieux furent achevés. Elles s'adjoignirent alors ce que nous appellerions aujourd'hui des membres honoraires, participants, ou donateurs, dont les cotisations servaient à combler les vides de la caisse corporative. Un temps vint où ces membres donateurs se trouvèrent plus nombreux que les autres. Ils eurent alors l'idée de remplacer les travaux matériels par des travaux intellectuels. L'ancienne Franc-Maçonnerie *opérative* se serait ainsi trouvée transformée en Franc-Maçonnerie *spéculative*. C'est ce qu'on raconte. Mais la preuve fait défaut. Admettons toutefois que les choses se soient passées comme on nous le dit. L'histoire ainsi présentée pourrait recouvrir le subterfuge que voici.

Les sociétés secrètes spéculatives ou éducatrices — nous dirions aujourd'hui les sociétés secrètes de propagande — n'étaient pas admises dans le monde chrétien. Celles qui y existaient — car il y en a toujours eu — étaient obligées de cacher leur existence. Leurs initiateurs et exploitateurs étaient grandement gênés par cette contrainte. Ils désiraient y échapper et ils en cherchaient les moyens.

C'en était un que de se faufiler dans les corporations de maçons constructeurs, d'en chasser ceuxci et de bénéficier du privilège qui leur avait été concédé d'imposer le secret à leurs membres. Les choses ont donc pu se passer comme on le raconte. Mais quels étaient les hommes qui se proposaient comme associés ou protecteurs des maçons constructeurs ? Peut-être des membres d'une association secrète préexistante — comme, par exemple, celle des Rose-Croix — obligée de se cacher jusqu'alors et qui parvenait, par le subterfuge que nous venons d'indiquer, à s'emparer du privilège dont jouissaient les membres de la corporation envahie, de former une société secrète tolérée, reconnue. En ce cas, la Franc-Maçonnerie spéculative, c'est-à-dire celle qui existe de notre temps, ne tirerait pas son origine de l'ancienne corporation des maçons constructeurs, comme l'ont fait croire ses initiateurs. L'ancienne corporation ne serait que la maison dans laquelle la Franc-Maçonnerie serait née et il faudrait chercher la véritable origine dans la société secrète préexistante et envahissante.

Lorsqu'on a lu ce qui a été écrit de plus sérieux par les auteurs francs-maçons sur cette origine de l'institution maçonnique, on constate qu'aucune certitude n'existe, si ce n'est en ce qui concerne les trois points suivants sur lesquels nous avons déjà insisté :

1° Peu de temps après la mort de Francis Bacon paraissait en Angleterre, sous le titre de *Nova Atlantis*, un ouvrage dont le manuscrit, disait-on, avait été trouvé dans les papiers laissés par l'ex-chancelier. Cet ouvrage montrait comment une société secrète peut à la fois gouverner un peuple et assurer à celui-ci certains avantages sur ses rivaux.

2° Un peu plus tard apparaissait en Angleterre la société secrète maçonnique actuelle, qui correspondait, par ses caractères principaux, au type dont Bacon avait donné le modèle. Après une période de tâtonnements, *la Grande Loge* de Londres était fondée en 1717.

3° Une fois l'institution bien établie et acceptée par les Anglais, certains d'entre eux l'ont transportée dans tous les pays d'Europe où ils l'ont pu, sous forme de filiales de l'institution anglaise, selon les indications contenues dans *Nova Atlantis*.

Ces trois circonstances n'ont pas été portées à la connaissance du public par des récits invérifiables. Elles sont de notoriété publique. Le reste, absolument incontrôlable, a été raconté à l'instigation d'exploiteurs qui avaient pour premier intérêt de tromper le public et qui ont la ruse et le mensonge pour principe de lutte. Mais que représentaient les envahisseurs de l'ancienne corporation des maçons constructeurs, et, plus tard, les Anglais qui se firent les propagateurs mondiaux de la nouvelle association ? Le gouvernement visible de l'Angleterre ? Un Pouvoir occulte anglais caché derrière le gouvernement visible ? Un groupement secret étranger à l'Angleterre et se servant d'intermédiaires anglais pour une raison ou pour une autre ? Ou bien les initiateurs et colporteurs anglais travaillaient-ils pour leur propre compte, en profitant de la leçon donnée par l'ex-chancelier philosophe, dans sa *Nova Atlantis* ? Toutes les suppositions sont permises. Mais ce ne sont que suppositions. Aucune certitude d'aucun côté.

Le F∴ Thory a raison : « L'origine de la Franc-

Maçonnerie est un océan immense sur lequel chacun s'embarque et revient sans être plus instruit. »

La formule est plutôt bizarre. Elle exprime quand même une idée vraie.

Les auteurs francs-maçons qui se sont embarqués sur cet océan ont toutefois rapporté de leur voyage deux enseignements utiles, quoique négatifs.

Ils nous apprennent que les créateurs de la Franc-Maçonnerie se sont appliqués à cacher la véritable origine de celle-ci, afin sans doute de dissimuler l'usage qu'ils font d'elle ;

Et que ces créateurs ne sont pas Français.

La France n'a pas la responsabilité d'une pareille création. Elle a simplement accepté celle-ci. Les propagateurs qui la lui ont offerte étaient des étrangers, des rivaux, voire même les plus constants de ses ennemis. Comment se serait-elle bien trouvée d'un pareil présent ?

CHAPITRE VIII

EXPOSÉS DES AUTEURS PROFANES
COMMENT ILS DÉGAGENT PEU A PEU LA VÉRITÉ

Deux catégories d'auteurs profanes ont écrit sur la Franc-Maçonnerie : ceux qui ne voient dans cette institution qu'une contre-Église, et ceux qui ont fini par y discerner autre chose. — Le plus savant d'entre les premiers, Claudio Jannet, déclare l'énigme de l'origine indéchiffrable. Il ne voit que des « points de contact » entre les doctrines maçonniques et les hérésies plus ou moins anciennes. — Une période nouvelle s'ouvre en 1876 : la Franc-Maçonnerie française cesse d'être seulement une école clandestine, créatrice d'états d'esprit. Elle devient agent politique en France et fournit ainsi la possibilité d'une documentation très précise contre elle. — Autre progrès pour les antimaçons en 1902 : le livre de M. Georges Goyau : *L'Idée de Patrie et l'Humanitarisme*. La Franc-Maçonnerie et la guerre de 1870. Prodigieuse inconscience des francs-maçons français. La séance de la rue Jean-Jacques-Rousseau pendant le siège de Paris. — Le livre de M. Max Doumic, en 1905 : *Le secret de la Franc-Maçonnerie*. — Nos livres de 1908 et 1909 : *Le Pouvoir occulte contre la France*, et *La conjuration juive contre le monde chrétien*. — Comment les trois exposés contiennent chacun une parcelle de vérité et, bien loin de se contredire, se complètent. — La Franc-Maçonnerie instrument de combat employé dans les guerres entre nations..

Nous avons vu Ragon, « l'auteur sacré » de la Franc-Maçonnerie, constater que « presque toujours l'érudition profane se trouve bien supérieure à l'instruction maçonnique, en ce qui concerne l'origine de l'Ordre, son but secret et les conjectures qu'on doit tirer des ébauches initiatiques consignées dans les trois grades symboliques. »

Rien n'est plus vrai, car la plupart des francs-maçons ne se soucient guère de tout cela. Ne comprenant rien aux obscurités voulues des explications qui leur sont données, ils se contentent d'admettre que l'origine de la Franc-Maçonnerie « se perd dans la nuit des temps ». C'est la formule consacrée. Elle est fort commode et elle leur suffit.

Les auteurs profanes en savent donc un peu plus qu'eux. Et cependant ils ont exposé des thèses qui jusqu'ici ont semblé contradictoires.

Cela tient à ce que chacun n'a pu découvrir qu'une parcelle de vérité et a pris cette parcelle pour la vérité totale.

Nous les classerons en deux catégories : ceux qui ne voient dans la Franc-Maçonnerie qu'une institution anticatholique et ceux qui, peu à peu, au fur et à mesure des découvertes que les événements ont permises, sont arrivés à y discerner autre chose.

Les premiers, après avoir mesuré le néant des explications fournies par les auteurs maçonniques au sujet de l'origine de leur institution, ainsi que le mensonge du but annoncé, finirent par s'imposer de ne plus tenir compte de ce qui leur était dit et de ne juger que sur les faits, à mesure que ceux-ci se dérouleraient. Ils eurent alors à constater qu'au xviiiᵉ siècle et dans la première moitié du xixᵉ, l'effort des loges françaises avait été dirigé contre le Catholicisme et la Monarchie. En même temps, ils observèrent que les cérémonies rituéliques et les doctrines exposées dans les cahiers des « grades » maçonniques n'étaient pas sans rapports avec ce que disaient et faisaient certains sectateurs des anciennes hérésies. Ils en conclurent qu'il n'y avait pas à chercher plus loin. La Franc-Maçonnerie, se dirent-ils, est essentiellement anticatholique et, conséquemment, antimonarchique. Ce qu'elle veut, c'est l'établissement d'une république athée universelle. Et la plupart d'entre eux crurent s'expliquer le fait en considérant l'institution comme satanique, à la manière de Barruel. Ils n'allèrent pas au delà.

C'était assez pour que les très nombreux Français en qui la foi catholique et la foi monarchique étaient mortes demeurassent indifférents à la question, ou même prissent parti pour l'association qui leur était ainsi présentée. La solution du problème s'en trouvait rendue plus difficile.

Les rapports entre les enseignements contenus dans les rituels maçonniques et les doctrines prêchées par certains hérésiarques existent bien. Mais tout porte à croire qu'ils ne sont que la conséquence de simulations imaginées, pour donner le change, par les rédacteurs des dits rituels. La réussite de la manœuvre a d'ailleurs été complète, car nombre d'auteurs catholiques en sont encore à discuter sur l'origine gnostique, manichéenne ou templière de la Franc-Maçonnerie. Or, au point de vue pratique, à quoi cela sert-il ? Fût-on parfaitement fixé sur l'origine de l'institution et sur la signification de ses prétendus symboles, saurait-on pour cela ce qu'il faut faire pour l'empêcher d'exercer sa tyrannie clandestine sur la France, au profit de ce qui se cache derrière elle ?

Deux auteurs, Deschamps et Claudio Jannet, ont

exposé dans leur grand ouvrage paru en 1860 et aujourd'hui introuvable : *Les sociétés secrètes et la société*, la thèse la mieux documentée, concernant l'action de la Franc-Maçonnerie française contre le Catholicisme et la Monarchie. Ils ont également mis en relief les caractères communs entre les principales hérésies et les doctrines maçonniques. Tout ce qui peut être écrit de sérieux à ce sujet l'a été par eux. Et ce fut pour aboutir, en fin de compte, à la constatation que voici.

Celui des deux auteurs qui a apporté à l'œuvre commune le concours le plus scientifique, celui qui, ayant survécu à l'autre, a mis l'ouvrage au point, Claudio Jannet, publiait en 1867, une brochure : *les Précurseurs de la Franc-Maçonnerie*, qu'on ne trouve plus en librairie, elle non plus. Après l'examen le plus consciencieux, il s'est vu réduit à reconnaître dans cette brochure que la première manifestation certaine de la société secrète maçonnique est la constitution de la Grande Loge de Londres, en 1717, et que, pour ce qui précède cette constitution, on ne peut que « rechercher, en remontant le cours des temps, les points de contact qui relient la Franc-Maçonnerie aux ennemis du Christianisme et de l'ordre social dans les deux siècles précédents. »

Des « points de contact » : voilà tout ce que constate celui des auteurs catholiques qui s'est le plus signalé par sa contribution aux recherches concernant les origines de la Franc-Maçonnerie.

L'aveu peut être mis à côté de celui du F∴ Ragon. Mais, pas plus que celui-ci, il n'est humiliant pour son auteur. Les deux prouvent simplement que les vrais pères de la Franc-Maçonnerie n'ont reculé devant aucune rouerie pour cacher la vérité.

Cette vérité, dont le temps seul devait permettre la découverte, est tout simplement que la Franc-Maçonnerie est un instrument de guerre qu'ils fabriquaient pour leur usage personnel et que leurs successeurs et héritiers ont perfectionné peu à peu.

*
* *

Vers 1876, une nouvelle période s'ouvrit.

La Franc-Maçonnerie n'avait été jusqu'alors employée en France qu'à une besogne de propagande. Elle servait à créer des états d'esprit. Les événements s'en suivaient. Mais elle n'apparaissait pas à l'heure de l'exécution et elle pouvait ainsi éviter les responsabilités. C'est seulement longtemps après les faits accomplis que, les indices s'accumulant, on pouvait découvrir la part qu'elle avait prise à leur préparation.

L'occasion paraissant bonne à ses chefs invisibles, elle intervint directement dans la crise du Seize Mai; et, à partir de ce moment, elle joignit à la préparation souterraine l'action politique exécutée par des francs-maçons participant au gouvernement, auxquels elle s'efforçait d'imposer des directives. Comme cela ne pouvait se faire sans discussions dans les loges et convents, sans ordres du jour, sans procès-verbaux, sans circulaires, elle devait fatalement, en dépit du secret, fournir ainsi des armes contre elle, sous forme de documents authentiques. On allait enfin pouvoir, non pas seulement la dénoncer rétrospectivement, mais signaler son action, au moment même où elle se produisait, avec preuves à l'appui. C'est dans ces conditions que, personnellement, nous intervenions, dès 1892, dans la lutte engagée contre elle.

Séduit, comme tant d'autres, par son faux programme de fraternité, de progrès, de tolérance, nous étions entré dans une loge parisienne, en 1884. Trois ans plus tard, la porte d'un chapitre de Rose-Croix nous était ouverte par un recruteur qui s'était adressé spontanément à nous. Deux années de suite, ce même recruteur nous avait fait attribuer une délégation au Convent, comme représentant d'une loge de Turquie. Nous avions ainsi toute facilité, non seulement pour voir ce qui se faisait dans la loge dont nous faisions partie, mais aussi pour nous rendre compte de l'action maçonnique en France.

Nous avions commencé par subir l'influence des suggestions répandues et par nous laisser imprégner de l'esprit maçonnique. Mais les circonstances nous permirent de nous ressaisir. Nous fûmes révolté de certains excès ; en particulier de la politique fanatique pratiquée dans une association qui se donnait comme tolérante et à laquelle ses statuts interdisaient non seulement l'action politique, mais jusqu'à la discussion en matière politique ou religieuse. Nous étions à même de nous rendre compte qu'un grand nombre de francs-maçons étaient députés ou sénateurs, bien que la Franc-Maçonnerie française ne comptât alors que vingt-cinq mille membres, et nous avions la preuve que des tentatives étaient journellement faites pour obliger ces sénateurs et députés francs-maçons à se soumettre à une certaine politique qui leur était dictée dans les loges et dans les convents, à l'insu de la nation.

En 1889, nous entreprenions, comme journaliste

en province, une campagne électorale au cours de laquelle nous dénoncions les agissements frauduleux de la Franc-Maçonnerie. D'après les règlements, nous aurions dû être exclu pour cette révolte. Nous fûmes simplement frappé d'une peine bien anodine, « une mise en sommeil » de trois mois, à l'expiration de laquelle, au lieu de prêter l'oreille aux promesses d'oubli qui nous étaient faites, nous donnions notre démission, au mois de janvier 1890.

Deux ans après, nous écrivions un premier ouvrage : *La Franc-Maçonnerie et la Question religieuse*, dans lequel nous montrions, en nous appuyant sur des comptes rendus du Convent de l'année précédente, l'ingérence de l'institution maçonnique dans la politique française et son caractère fanatique ; ingérence doublement inacceptable : d'abord parce que la France était en République, et ensuite parce que l'association qui s'en rendait coupable était secrète, c'est-à-dire inconnue du public dont elle prétendait gérer les affaires, tout en se cachant de lui. Bientôt d'autres antimaçons envisageaient la question de la même manière. Des groupes de propagandistes se constituaient. Des conférences s'organisaient. En 1900, le Président de la ligue *La Patrie Française*, Jules Lemaître, entamait une habile campagne contre la politique fanatique des loges. Des feuilles hebdomadaires spécialement antimaçonniques se fondaient... C'était le commencement d'une lutte qui n'a guère cessé depuis, et qui était entreprise sur un terrain où, logiquement, la Franc-Maçonnerie doit finir par succomber.

Dix ans plus tard, un nouveau progrès était accompli. .

Ceux des antimaçons qui dénonçaient l'intervention maçonnique dans la politique française ne s'étaient guère attachés qu'à la politique intérieure. En 1902 paraissait un livre : *L'Idée de Patrie et l'Humanitarisme*, qui ouvrait un autre champ d'action. Il avait pour auteur un catholique, M. Georges Goyau, qui, ayant eu la bonne fortune de mettre la main sur une documentation particulièrement riche et précise, la livrait au public, en faisant abstraction de toute préoccupation d'ordre religieux.

Dans ce livre, auquel nous avons eu occasion de faire allusion dans un de nos chapitres précédents, M. Georges Goyau exposait les agissements de la Franc-Maçonnerie française à propos de la guerre de 1870. Il mettait en lumière l'opposition que les francs-maçons français de la fin du Second Empire firent au ministre de la guerre, le maréchal Niel, lorsque celui-ci présenta au Corps législatif le plan de réorganisation militaire qui lui paraissait nécessité par l'ambition menaçante de la Prusse. Il montrait en outre la source maçonnique de la propagande humanitaire et antimilitariste qui, dès 1867, avait eu pour but le désarmement progressif de notre pays. Il révélait l'existence d'une loge allemande fondée à Paris quelques années avant la guerre, sous le nom trompeur de *Concordia*, par des francs-maçons allemands qui prodiguaient à leurs frères français les protestations de solidarité maçonnique, qui se portaient garants des intentions pacifiques de l'Allemagne et qui se trouvèrent avoir ainsi préparé très efficacement les victoires de la Prusse, en trompant leurs frères français.

Or, tandis que la Franc-Maçonnerie s'employait ainsi pour l'affaiblissement de la France, elle avait une attitude tout opposée en Allemagne. L'auteur de *L'Idée de Patrie et l'Humanitarisme* écrivait : « Tandis que la pacifique *Concordia*, fondée sous la protection de la Maçonnerie française, était aux yeux de cette maçonnerie l'incarnation de l'esprit allemand, et tandis que Colfavru et M. Henri Brisson mettaient un espoir infini dans la démocratie allemande, les loges prussiennes invitaient leurs membres à célébrer le roi Guillaume, « boulevard et chef de la patrie », à fêter sa « couronne de vainqueur », à saluer en lui le « Maître », à « porter un Hoch aux couleurs du drapeau prussien », à chanter « l'épée du Prussien, prête à la défense du trône et du troupeau, aux combats dont la vie et la mort sont l'enjeu », et à proclamer enfin que « la patrie de l'Allemand doit être toute l'Allemagne ».

L'organisme maçonnique servait donc à produire ces deux résultats : l'exaltation guerrière en Allemagne et l'exaltation pacifiste en France : l'un devant servir autant que l'autre à assurer le triomphe prussien.

M. Georges Goyau donnait ainsi la preuve qu'en 1870, les francs-maçons français furent trompés et trahis comme ils devaient l'être en 1914, comme ils le furent toujours depuis que la Franc-Maçonnerie a été introduite dans notre pays.

Ils croyaient si sincèrement à cette fraternité maçonnique dont les adeptes allemands jouaient traîtreusement vis-à-vis d'eux, que, dès les premières

menaces de guerre, ils s'imaginèrent n'avoir qu'à
en rappeler le principe pour détourner l'orage. Une
filiale de la Franc-Maçonnerie avait été fondée sous
le nom de « Ligue de la Paix et de la Liberté. » Elle
extériorisait la pensée maçonnique et elle contri-
buait, en chantant les berceuses du pacifisme, à endormir les peuples et à les tromper sur les ambitions
et les desseins de la Prusse. Un grand nombre de
francs-maçons français figuraient parmi les membres
de cette ligue et ils avaient favorisé la réunion d'un
congrès qui s'ouvrit à Bâle, le 15 juillet 1870. C'était
précisément le jour où avait lieu la falsification de la
dépêche d'Ems qui devait rendre la guerre inévitable. Ils eurent la naïveté d'appuyer une motion
tendant à ce que le Congrès nommât « deux délégués
qui rendraient visite, d'urgence, aux généralissimes
des armées ennemies et qui les sommeraient « de dé-
poser les armes au nom de l'inviolabilité de la vie
humaine. »

On devine la réception que Bismarck, de Moltke
et de Roon, les trois compères d'Ems, eussent faite à
pareille députation. Les Congressistes étrangers le
devinèrent sans doute aussi, car la proposition fut re-
poussée. Mais le seul fait qu'elle ait été soutenue par
les francs-maçons français nous montre à quel degré
d'inconscience peuvent être réduits ceux qui se
laissent prendre dans les engrenages de l'organisation secrète.

Voici qui le montre mieux encore.

Nos francs-maçons d'alors avaient été si irrémédia-
blement illusionnés que le spectacle des désastres
éprouvés par la France ne leur rendait pas le sens
des réalités. Ils persistaient à croire la Franc-Maçonnerie toute-puissante et l'idée de fraternité reine du

monde. La loge *Les Enfants de Gergovie* suppliait la Maçonnerie française « d'étendre ses bras protecteurs au dessus des champs de bataille et d'inviter toutes les loges d'Allemagne à resserrer plus que jamais la Chaîne d'union *en leur envoyant un baiser fraternel* ».

Mais les loges d'Allemagne restaient sourdes à cette invitation. Elles repoussaient le « baiser fraternel ». Et les généraux prussiens ne prêtaient nulle attention aux « bras protecteurs » de la Maçonnerie française, « étendus sur les champs de bataille ». Opposée à l'élan de leurs armées victorieuses, la phraséologie maçonnique n'était qu'un glapissement ridicule.

Cependant, par la révolution du Quatre-Septembre, les francs-maçons français s'étaient emparés du pouvoir. Quel ne dut pas être leur étonnement lorsqu'ils entendirent les conseils de soumission à la volonté allemande qui leur furent alors donnés par les francs-maçons de certains pays neutres ! « La paix ! la paix ! » écrivaient ces bons amis des Allemands, en s'adressant à la France... « La paix ! Et si elle tient à une question de forteresse, prends toi-même la pioche. Ce sera démanteler l'œuvre de tes oppresseurs. Et si l'on te demande davantage, puisse la liberté t'avoir rendu la vigueur des nobles résolutions. »

Quelles étaient ces nobles résolutions auxquelles étaient ainsi incités les francs-maçons maîtres du gouvernement de la France ? C'étaient celles qui conduisaient notre pays aux abdications. On allait jusqu'à leur donner des suggestions comme celle ci :

« Tu rejettes la politique de César, ô France, rejette aussi ses présents. Renonce à ce que cette parodie de suffrage dont tu as été dix-huit ans victime t'a donné de territoires ; désarme la conquête en rendant à Garibaldi sa patrie ; et fais-toi grande en revenant à des frontières qui ont suffi à la France de juillet et de février [1]. »

La ligue maçonnique de la Paix et de la Liberté, qui se considérait comme composée d' « esprits à visées étendues », datait du 21 octobre 1870 un manifeste aux Français dans lequel se trouvait ce passage : « Que sont le payement d'un ou de deux milliards pour frais de guerre, le démantèlement de quelques forteresses, et même, en cas d'extrême nécessité, quelques autres sacrifices compatibles avec votre honneur ? Ce serait un modique prix pour la liberté que vous auriez conquise par cette guerre et pour la certitude de devenir, grâce à la République, un grand peuple, instruit, moral et matériellement heureux. »

Telle est la manière dont s'employait la Franc-Maçonnerie des pays neutres pour persuader à la France vaincue qu'elle avait le devoir d'accepter toutes les conditions qu'il plairait à l'Allemagne de lui imposer.

Pourquoi la Franc-Maçonnerie française n'agit-elle pas de même aujourd'hui vis-à-vis de nos ennemis ? Pourquoi fait-elle le contraire ? Pourquoi n'a-t-elle de colère que contre la France, de pitié que pour nos agresseurs ?...

Des suggestions, de quelque nature qu'elles soient, rendent plus ou moins facilement l'effet qu'on en attend, selon les esprits qui les reçoivent et selon les circonstances dans lesquelles elles sont émises. En

1. *Monde maçonnique*, septembre 1871, p. 289-300, cité par M. Georges Goyau.

raison de la crise terrible que notre pays traversait en 1870, une coupure devait donc inévitablement se produire entre ceux des francs-maçons français dont l'intelligence était demeurée capable de comprendre la leçon des faits, et ceux qui avaient été plongés dans un sommeil hypnotique si profond que le tonnerre des canons allemands lui-même était impuissant à les réveiller.

« Ce fut l'honneur de Gambetta, écrit le catholique et loyal Georges Goyau, lorsque son césarisme à Tours commença d'asseoir la République, de se dérober virilement aux préjugés et aux chimères de ses amis politiques [1] et de faire prévaloir contre les exigences de leur esprit de système une politique réaliste. »

Malheureusement il était trop tard. Gambetta avait d'ailleurs trop à faire pour réagir contre la folie de ceux des francs-maçons français que les anciennes intoxications avaient rendus pour toujours inguérissables. Ceux-là continuaient à se bercer de leurs chimères. Ils s'entêtaient à croire les francs-maçons allemands aussi hallucinés qu'eux. Ils se disaient que Guillaume et son fils étaient, eux aussi, des Enfants de la Veuve et ils n'admettaient pas que ces adeptes couronnés pussent faire si bon marché de la fraternité maçonnique.

Le 7 septembre 1870, la loge *Les Trinosophes de Bercy* décidait de « rappeler au Roi de Prusse, protecteur de la Franc-Maçonnerie universelle, ses devoirs de franc-maçon ». Un membre de cette loge, le F∴ Foussier, futur conseiller municipal de Paris, proposa aux vénérables des loges parisiennes qu'une

---

1. Et aux siennes propres, car il avait crié, plus fort que n'importe qui, contre les « hordes prétoriennes ».

députation maçonnique fût déléguée près du chef des armées allemandes, pour « faire appel à son cœur de franc-maçon ».

« Dix loges parisiennes, écrit M. Georges Goyau adressèrent à tous les maçons du globe, par ballon, un long cri de douleur : « Le roi Guillaume et son fils sont nos frères. Ces ambitieux ont trahi leurs serments, ils sont indignes et parjures, ils ont forfait à l'honneur... Nous les excluons à tout jamais et répudions toute solidarité avec ces monstres à figure d'homme qui ont trompé jusqu'à nos frères d'Allemagne. Ils ont détourné les francs-maçons allemands du but final de la Maçonnerie : la fraternité universelle. »

Mais, s'il se trouvait des francs-maçons étrangers pour conseiller aux nôtres de démanteler les forteresses françaises, de payer des milliards comme indemnité et de renoncer à Nice et à la Savoie, il n'y en avait pas pour rappeler à Guillaume « le but final de la maçonnerie ».

Les « Trinosophes » avaient cependant cru devoir ajouter à leurs imprécations un post-scriptum adressé spécialement aux « frères allemands qu'ils conjuraient de songer au minotaure prussien et à la liberté, à l'avenir et au progrès, aux chemins de fer et à l'électricité, aux barrières de convention qui séparent les États » et aux « murailles d'ossements humains qu'élèvent les massacres ». *Les Trinosophes de Bercy* poussaient la naïveté jusqu'à terminer leur appel de la façon suivante : « Le jour heureux où la civilisation triomphera encore une fois de la barbarie, venez à nous en frères généreux, nous vous accueillerons avec joie et répandrons sur vos blessures le baume consolateur de la fraternité. »

Et les « frères » allemands restaient sourds !

Outrés d'un tel mépris des principes, les francs-maçons parisiens prirent alors les grands moyens. Laissons ici la parole à l'auteur de *l'Idée de Patrie et l'Humanitarisme*, ce livre qu'on ne connaîtra jamais assez en France.

« Il est des essors d'ambition qui sont incoercibles : la maçonnerie parisienne connut une de ces exaltations. Le numéro 35 de la rue Jean-Jacques-Rousseau devait abriter cette scène d'histoire. Il y avait là un local maçonnique, et les Frères Guillaume I", Roi de Prusse, et Frédéric Guillaume Nicolas Charles, prince royal héréditaire, furent cités à comparaître en personne ou par représentant ayant qualité maçonnique, le samedi 29 octobre.

« On vit, ce soir-là, quinze à dix-huit cents maçons parisiens se presser dans l'enceinte ; les deux accusés étaient contumaces. Foussier régnait sur l'Assemblée; il fit décider à l'unanimité qu'on procéderait immédiatement au jugement. La présidence, pour plus de solennité, fut attribuée à Colfavru, le futur député radical de Seine-et-Oise. Il avait, avec Hugo, longtemps représenté dans les îles normandes la liberté proscrite ; et sa conscience austère mais naïve trouvait probablement quelque attrait à se faire la justicière d'un monarque victorieux. Thirifocq qui devait, peu de mois après, mêler la maçonnerie à la Commune, lut un acte d'accusation contre les deux frères couronnés ; l'assemblée frémissante allait passer au vote, lorsque Colfavru, qui était sérieux, eut un scrupule de légalité. Il expliqua que certainement le Roi de Prusse avait, par les journaux, connu la citation, mais que, régulièrement, il fallait la lui transmettre par les voies diplomatiques, « que le citoyen Jules Ferry avait promis le concours du gouvernement et, qu'aussitôt la citation parvenue à son adresse, il serait procédé ainsi que les usages judiciaires le comportent ». Le meeting approuva : sur l'acte de Thirifocq, quatre-vingt-dix maçons représentant leurs ateliers, échelonnèrent leurs signatures, et une commission de sept membres fut nommée pour obtenir du gouvernement un sauf-conduit qui permettrait de porter la citation. »

On croit rêver lorsqu'on lit de pareils récits. Mais ils sont appuyés sur les extraits de procès-verbaux ou sur les précisions données par des publications maçonniques non suspectes en pareille occurrence, comme le *Monde Maçonnique*, ou *la Chaîne d'Union*. Il n'y a donc pas de doute à émettre sur la réalité des faits.

L'ouvrage de M. Georges Goyau ouvrait, avons-nous dit, un nouveau champ d'action antimaçonnique. Il établissait, en effet, que la Franc-Maçonnerie peut être employée à autre chose qu'à la lutte contre le catholicisme ; qu'elle peut être utilisée pour préparer les guerres par les armes dans un sens favorable à l'un des adversaires et défavorable à l'autre ; qu'en 1870, elle avait été employée pour la Prusse contre la France ; et il montrait en même temps le degré de puérilité, d'inconscience auquel peuvent être réduits les membres de l'institution.

On comprend pourquoi se multipliaient, à l'époque où il parut, les manifestations comme celle du F∴ Delpech et de la revue maçonnique l'*Acacia* dont nous avons parlé précédemment ; manifestations qui tendaient à faire croire que la Franc-Maçonnerie n'avait d'autre but que la lutte contre le catholicisme. Il y avait quelque part — c'était sans doute de l'autre côté des Vosges — une volonté cachée qui s'efforçait de donner le change, à l'heure où les loges françaises étaient employées, pour la seconde fois, à préparer les succès militaires allemands.

Cette volonté occulte avait beau faire, la Franc-Maçonnerie n'en apparaissait pas moins comme un instrument de guerre utilisé dans les luttes entre nations.

Alors, comment cet engin est-il construit ? Comment fonctionne-t-il ? Quel est le secret de sa force ? Pour la première fois, cette question surgissait et elle devait conduire à celle de l'organisation, en dépit des précautions prises pour que jamais personne n'eût l'idée de s'occuper de celle-ci.

La question d'origine devait également se poser de nouveau. Car si la Franc-Maçonnerie était un instrument de guerre destiné à servir dans les luttes internationales, on s'était mépris en cherchant les rapports pouvant exister entre les doctrines exposées dans ses rituels et celles de tels ou tels hérésiarques. Ces rapports avaient été créés à dessein, pour tromper sur la destination de l'institution. L'engin était camouflé.

Quels étaient les auteurs de ce camouflage ? Le peuple français pouvait avoir intérêt à le connaître. En 1905 paraissait un ouvrage qui répondait à cette question. Il portait ce titre : *Le secret de la Franc-Maçonnerie* et il n'était pas signé. On sut plus tard qu'il avait pour auteur M. Max Doumic, le frère de l'académicien René Doumic. Il soutenait la thèse de l'origine anglaise, en l'appuyant sur les considérations dont il a été question dans notre lettre à M. Lloyd George et sur lesquelles nous avons déjà eu à revenir : l'apparition de la *Nova Atlantis*, la constitution de la Grande Loge de Londres en 1717, et la fondation des loges filiales par des Anglais, dans presque tous les pays d'Europe.

M. Max Doumic observait en outre que la politique maçonnique était généralement conforme à ce qu'exigeait l'intérêt anglais. C'est surtout pour prouver cette conformité qu'il publiait son livre.

On peut objecter qu'elle n'a pas toujours existé. Par exemple, dans les années qui précédèrent la Grande Guerre, l'intérêt anglais était que la force militaire française ne fût pas diminuée. Et cependant, la Franc-Maçonnerie travaillait au désarmement de la France dans les conditions que nous avons montrées. Il fallut toute l'habileté diplomatique du roi Édouard VII pour que la situation se modifiât peu à peu. Alors une partie de la Franc-Maçonnerie française se trouva replacée sous l'influence de la politique anglaise et fit échec à l'influence occulte allemande qui continuait à prédominer dans l'autre partie.

La thèse exposée dans *Le secret de la Franc-Maçonnerie* ne contenait donc pas toute la vérité ; mais elle était un nouveau pas en avant vers celle-ci.

Elle ne contenait pas toute la vérité, disons-nous, et son auteur devait le prouver par sa mort. M. Max Doumic est en effet de ceux qui donnèrent leur vie pour le salut de la France, dans une guerre où nous avions l'Angleterre pour alliée, et à la préparation de laquelle la Franc-Maçonnerie, considérée par lui comme un instrument essentiellement anglais, avait travaillé dans le sens allemand.

En 1908 et 1909, après des centaines de conférences sur la question maçonnique envisagée au point de vue politique, nous intervenions, à notre tour, dans la question d'origine. Mais nous nous basions sur un élément d'appréciation qui avait été laissé de côté jusqu'alors : l'étude de l'organisation. Et cela aussi était un nouveau pas vers la découverte de la vérité.

Nous divisions notre démonstration en deux parties.

Dans *Le Pouvoir occulte contre la France*, publié en 1908, nous exposions que l'institution maçonnique est toujours employée contre notre pays par une puissance inconnue que nous appelions Pouvoir occulte. Nous expliquions que ce Pouvoir occulte peut imposer invisiblement sa politique à la Franc-Maçonnerie mieux encore que celle-ci n'impose la sienne à la France ; et cela, par l'effet d'une organisation qui a pour caractéristique la superposition des sociétés secrètes dissimulées sous le nom de « grades ».

Nous montrions que cette superposition laisse supposer un groupement chef : celui que nous désignions par l'expression Pouvoir occulte.

En même temps, nous signalions que ce Pouvoir occulte, pour se faire obéir, procède non par ordres donnés, mais par suggestions transmises ; ce qui permet son invisibilité.

C'était là une observation conforme à la réalité, et c'est en quoi nous avancions vers la solution du problème. Mais comment se fait-il que les adeptes de tous les étages acceptent les suggestions et qu'ils y obéissent d'une façon inconsciente, même lorsqu'elles sont contraires à leur intérêt et à celui de leur pays ? Cela, nous ne parvenions pas à l'expliquer suffisamment, parce que nous n'avions pas encore aperçu les rouages les plus secrets de l'organisation. Tout au moins n'avions-nous pas deviné toute la portée de leur mécanisme, producteur d'effets automatiques.

Notre exposé était donc incomplet, lui aussi. Nous nous engagions sur le chemin qui devait nous conduire à la découverte de la vérité. Mais, pas plus que M. Max Doumic, nous ne l'embrassions tout entière.

Dans notre second ouvrage, *La Conjuration juive contre le monde chrétien*, nous cherchions quels pouvaient bien être les inventeurs de l'organisation maçonnique ou, tout au moins, quels étaient ses introducteurs dans le monde chrétien, dont le génie est opposé à une telle conception. Nous les trouvions dans la nation juive, dont les conditions d'existence si particulières nous semblaient avoir exigé, à travers les siècles, une organisation particulière, elle aussi, semblable à celle que nous avions aperçue dans la Franc-Maçonnerie.

Il arrivait ainsi qu'après l'ouvrage de M. Georges Goyau (1902), celui de M. Max Doumic (1905) et les nôtres (1908 et 1909), le public se trouvait en présence de trois exposés.

Origine anglaise ; instrument au service de l'Angleterre, disait M. Max Doumic, qui se basait sur un ensemble de faits certains, mais qui en négligeait d'autres.

Origine juive ; instrument au service de la nation juive, affirmions-nous, en nous appuyant sur l'étude de l'organisation.

Résultats à l'avantage de la Prusse et de l'Allemagne, constatait M. Georges Goyau.

Ces trois exposés semblaient inconciliables.

Leur opposition n'était pourtant qu'apparente ; et cela ressortait de considérations que nous formulions en terminant notre second ouvrage.

Nous constations, en effet, que si l'organisation maçonnique permet le fonctionnement d'une autorité s'exerçant invisiblement, autrement dit, d'un Pouvoir occulte, elle permet aussi la constitution d'un ou de plusieurs autres Pouvoirs de même nature, agissant par l'intermédiaire des mêmes sociétés secrètes superposées et se disputant l'utilisation de celles-ci. Nous allions même jusqu'à donner les précisions suivantes.

Nous écrivions :

« Après bientôt deux siècles de fonctionnement de la Franc-Maçonnerie au sein du monde chrétien, nous devons tenir pour certain que cette société secrète voit, depuis longtemps déjà, au moins deux influences se mouvoir en elle, sans compter d'autres qui ont pu ou qui pourront surgir. »

Dans les pages qui précédaient cette phrase, nous avions montré que l'une des deux influences rivales du Pouvoir occulte juif était anglaise ; et dans le paragraphe suivant, intitulé : *Conséquences de cet état de choses dans la politique internationale actuelle*, nous expliquions comment une autre influence agissait puissamment au sein de la Franc-Maçonnerie. Celle-là, disions-nous, après avoir été, pour les besoins de sa cause, l'alliée des deux premières, en est venue à leur faire échec. Et nous la nommions par son nom : c'était, affirmions-nous, une influence allemande, un Pouvoir occulte allemand.

Alors, les trois exposés ne se contredisaient pas. Chacun d'eux contenait une partie de la réalité. Ils se complétaient. Et voici comment.

La nation juive, comme toutes les autres collectivités humaines, n'a pu se perpétuer qu'en s'organisant. Sa dispersion la plaçait dans des conditions uniques. Elle a donc dû se créer une organisation adéquate à sa situation. Or l'organisation maçonnique correspond précisément aux nécessités de cette situation exceptionnelle. C'est pourquoi on est conduit, lorsqu'on cherche l'origine de la Franc-Maçonnerie en se basant sur l'organisation de celle-ci, à conclure, comme nous l'avons fait, à une origine juive. On est d'autant plus poussé vers cette conclusion que le peuple juif se trouve avoir bénéficié considérablement de l'action maçonnique.

On s'explique d'ailleurs que les chefs juifs, après avoir usé de cette organisation dans un but légitime de conservation nationale, se soient appliqués à l'introduire dans le monde chrétien, leur ennemi. Ils en possédaient seuls la clef. Ils devaient donc espérer en tirer d'immenses avantages. Mais ils ne pouvaient procéder eux-mêmes à cette introduction. Ils devaient, selon les règles de la tactique occulte, faire agir, et non pas agir. D'où l'intervention anglaise, provoquée par suggestion, et, comme conséquence naturelle, les avantages politiques que les gouvernants anglais en ont tirés. C'est ce dernier côté de la question qui avait frappé M. Max Doumic.

Mais, une fois l'organisme introduit dans le monde chrétien, il devait fatalement arriver que ceux des protestants ou des catholiques qui se sentiraient des aptitudes pour le maniement d'un tel instrument de conquête chercheraient à l'utiliser et le disputeraient à ceux qui en bénéficiaient déjà. Or, les aptitudes les plus indispensables étant celles qui dérivent de l'esprit de fourberie, comment les pangermanistes n'arriveraient-ils pas en première ligne ?

Ainsi s'expliquent les résultats constatés par M. Georges Goyau dans son beau livre.

Les trois exposés, bien loin de se contredire, contribuent à établir cette certitude d'importance capitale : la Franc-Maçonnerie est un instrument de combat employé dans les guerres engagées contre certains peuples. Lesquels ? Les plus honnêtes.

Elle est employée en tant que société secrète. Et alors voici ce que, nous, Français, nous avons à constater.

Après Iéna, la Prusse a préparé sa revanche par l'emploi des sociétés secrètes. C'est un fait connu, qui était signalé à Napoléon par ses agents. Mais le grand vainqueur dédaignait d'en tenir compte.

Conséquence : les armées de la Prusse, écrasées sept ans plus tôt, figurent au premier rang de celles qui envahissent la France en 1814 et en 1815.

Avant 1870, la Franc-Maçonnerie, société secrète, est employée à empêcher le ministre de la Guerre français d'opérer la réforme militaire nécessaire.

Elle contribue ainsi à préparer notre infériorité dans la lutte qui va s'engager.

Conséquence : des désastres sans précédent, et la France envahie pour la troisième fois.

Avant 1914, la même Franc-Maçonnerie, société secrète, est employée de nouveau à préparer l'infériorité militaire française, la division entre Français, l'état d'esprit défaitiste.

Conséquence : les victoires allemandes du mois d'août, la France envahie pour la quatrième fois, ne se sauvant que par le sacrifice héroïquement consenti de trois millions de ses fils, dont une moitié tués et l'autre moitié mutilés.

En 1925, l'éternelle société secrète maçonnique impose de nouveau la guerre intestine aux Français ; de nouveau elle veut la diminution de la force française et l'acceptation des exigences allemandes ; de nouveau, elle pèse sur le gouvernement et travaille frauduleusement l'opinion des masses. En même temps, d'autres sociétés secrètes, innombrables, font partout besogne préparatoire allemande.

Conséquence : ... Est-il exagéré de dire que nous n'avons pas de temps à perdre pour nous en préoccuper ?...

CHAPITRE IX

L'IDÉE DIRECTRICE
L'HISTOIRE DE LA FRANC-MAÇONNERIE FRANÇAISE EXPLIQUÉE

L'institution maçonnique est un instrument de guerre, et cet instrument, introduit dans notre pays par des étrangers, est employé contre la France. — Précautions prises pour que les Français veuillent bien le conserver. — L'organisation de 1771. — La Révolution. — Lente accumulation des preuves. — Ultime manœuvre de la Franc-Maçonnerie française pour faire croire qu'elle est une institution essentiellement antireligieuse. — Les révélations de la Grande Guerre. — Le cas de Clemenceau. — La France toujours frappée à la tête à travers les francs-maçons qui furent au pouvoir depuis cent quarante ans. — Le dénouement raté.

L'idée maîtresse qui se dégageait des trois exposés publiés à si peu de distance les uns des autres (1902, 1905, 1908-09) c'était que la Franc-Maçonnerie travaillait contre la France, pour une autre nation.

Quelle était cette nation ?

Sur cette question secondaire les trois exposés différaient. Mais le dernier en date montrait que, vu son organisation, l'institution maçonnique n'est qu'un instrument manié par les membres de quelque groupement caché supérieur. Or un instrument peut passer par des mains différentes. Tout s'expliquait.

Plus de satanisme. Plus d'action essentiellement anticatholique. Plus de merveilleux. Plus de fable. Plus de nuit des temps. La Franc-Maçonnerie simple instrument de guerre fabriqué pour le service de certains égoïsmes ; et cet instrument servant contre la France, employé contre elle par tels ou tels de ses ennemis.

Si la donnée reposant sur ces deux idées positives est vraie, elle doit être confirmée par tout ce qu'on sait de l'histoire de l'institution en France. Il y a là un moyen de vérification très simple.

Or la vérification est parfaite. Toutes les circonstances de l'histoire de la Franc-Maçonnerie en France, même les plus contradictoires, se trouvent expliquées. Elles concourent toutes à la réalisation d'un plan dont on voit le déroulement parfaitement logique, jusqu'à l'effroyable aboutissement de 1914.

Même les faits qui ne s'étaient pas encore produits au moment où les trois exposés étaient publiés doivent aussi y trouver leur explication. S'il n'en était pas ainsi, la théorie se trouverait condamnée. Or elle ne l'est pas, car ces faits postérieurs cadrent parfaitement avec elle. Et cela, alors qu'il s'est passé des événements si formidables. Non seulement ces événements sont expliqués par la théorie nouvelle ; ils ne sont expliqués que par elle. Les anciennes données admises sur la question maçonnique se trouvent ainsi contredites.

Procédons à cette rapide vérification, en remontant jusqu'au point de départ généralement admis par les auteurs francs-maçons et profanes ; celui au delà duquel commence une nuit des temps qu'on a eu soin de faire aussi obscure que possible, à seule fin qu'une fois entré dans ses ombres, on n'en puisse plus sortir pour revenir au grand jour.

***

Le premier fait connu est parfaitement conforme à la donnée : ce sont des étrangers qui viennent nous prier de faire bon accueil à l'institution maçonnique.

Un beau jour, des Anglais se sont mis à courir le monde pour fonder, dans tous les pays où ils le pouvaient, de petites associations désignées sous le nom de loges maçonniques, reliées à d'autres associations anglaises de même nature et subordonnées, comme celles-ci, à un groupe supérieur également anglais. La caractéristique qui doit nous frapper tout d'abord, c'est que ces Anglais, fondateurs de loges en d'autres pays que le leur, n'acceptaient dans ces loges que les personnes qui consentaient à promettre par avance le secret. Par avance, donc sans savoir à quoi elles s'engageaient, en se fiant aveuglément aux belles paroles des étrangers qui les embrigadaient.

L'obligation qui était ainsi imposée cachait évidemment quelque chose. Quoi ?

D'après les déclarations statutaires qui formulaient le but en vue duquel des adeptes étaient recrutés dans chaque pays, il ne s'agissait que de solidarité, de fraternité, de bonheur et de progrès de l'humanité.

Nous l'avons déjà observé dans une autre partie de cette étude : Est-ce admissible ? Et fait-on injure aux Anglais de cette époque en se demandant s'ils n'étaient pas plus susceptibles de se passionner pour le bien de l'Angleterre que pour celui de l'Humanité ?

Une chose est certaine : pour ce qui concerne la Franc-Maçonnerie française, son histoire prouve le mensonge des déclarations par lesquelles ont été attirés ceux de nos concitoyens qu'on y a fait entrer.

Les francs-maçons anglais font ici une objection. Les déclarations contenues dans les statuts de la Franc-Maçonnerie ne sont pas fausses, disent-ils. Mais les adeptes français de certaines époques ont trahi l'esprit de notre sublime institution.

Nous répondons : Qu'est-ce qui le prouve ? Et nous constatons que deux circonstances militent en faveur de la bonne foi des francs-maçons français. D'abord, nous avons vu qu'ils sont pris dans les engrenages d'une organisation dont les principaux ressorts leur sont cachés et dont le jeu les réduit à un état de subordination inconsciente. En second lieu, nous avons également constaté qu'une fois pris dans les engrenages secrets de cette organisation à laquelle ils commettent la faute de se soumettre sans la connaître, ils ont toujours été amenés à agir, dans les conditions que nous avons signalées, contre leur propre intérêt. Il est donc logique de conclure, comme nous le faisons, que « l'esprit maçonnique » dont on nous parle n'est qu'un leurre et que les francs-maçons français ont toujours été trompés.

Si nous en jugeons d'après des conséquences aujourd'hui trop certaines, nous devons dire que l'introduction de la Franc-Maçonnerie en France et dans les autres pays a été un acte de guerre.

Les Anglais propagateurs des loges se rendaient-ils

exactement compte de la portée de cet acte ? Nous ne sommes pas en mesure de l'affirmer. Le Gouvernement anglais d'alors était-il pour quelque chose dans l'entreprise, et, par suite, la responsabilité de l'Angleterre se trouve-t-elle engagée ? Ainsi que nous le disions dans notre lettre à M. Lloyd George, cela n'est nullement prouvé. Le gouvernement anglais était informé, — impossible d'en douter — et il laissait faire. La nation anglaise, toutefois, ne se trouverait réellement compromise que si la connivence de son gouvernement et de la Grande Loge de Londres, dans un but de fraude vis-à-vis des autres nations, se trouvait formellement établie. Or elle ne l'est pas.

Mais si l'on ne peut se prononcer en complète connaissance de cause sur les responsabilités de la nation anglaise en ce qui concerne l'introduction de la Franc-Maçonnerie dans les différents pays d'Europe, il n'y a plus de doute à avoir sur la nature de l'acte, après tout ce qui s'est passé en France depuis lors : c'était un fait de guerre. Non de guerre ouverte dans laquelle les belligérants se livrent à des destructions matérielles immédiates. Il s'agissait d'une guerre cachée, dans laquelle on procède par combinaisons intellectuelles, par préparations tortueuses tendant sourdement à de lointains ébranlements, à la désagrégation progressive des organismes nationaux les mieux constitués. En somme, guerre par dissimulation, mensonge et trahison.

Si le gouvernement anglais, si les membres et les émissaires de la Grande Loge de Londres ne le savaient pas, il y avait quelque part quelqu'un qui savait que l'introduction de la Franc-Maçonnerie dans les différentes nations européennes était un acte de guerre par trahison contre telles ou telles de ces nations. Lesquelles ? Les circonstances devaient en décider plus tard. Ce qu'il fallait alors, c'est que l'instrument, l'engin, le piège maçonnique fût transporté dans le plus grand nombre de pays possible, afin que les secrets initiateurs, Anglais ou autres, dissimulés derrière les propagateurs inconscients, pussent s'en servir là où ils le jugeraient opportun et à l'heure qui leur conviendrait.

Mais il fallait en même temps que tout le monde se méprît sur cette destination de l'organisme. Celui-ci, en effet, n'était utilisable qu'à cette condition. D'où la nécessité de la dissimulation et du mensonge. C'est pourquoi on donnait partout à la Franc-Maçonnerie les apparences qu'elles a conservées jusqu'à nos jours dans certains pays, l'Angleterre et l'Amérique, par exemple. Et c'est précisément à cause de ces fausses apparences, nous l'avons fait observer, que les révélations et découvertes relatives à l'institution maçonnique commencent toujours par présenter un caractère négatif. Elles montrent toujours que la Franc-Maçonnerie n'est pas ce qu'elle prétend être. Et comme, à mesure que le mensonge d'une de ses fausses apparences est démontré, elle en revêt une autre non moins fausse, on ne finit par savoir ce qu'elle est qu'à force de découvrir ce qu'elle n'est pas. Ainsi s'explique qu'on ait mis tant de temps à acquérir sur elle les certitudes nécessaires.

Nous avons parlé de piège. C'est bien en effet sous forme de piège qu'a été construit l'instrument, l'engin de guerre maçonnique. Pour qu'il produise ses effets, il est indispensable qu'un certain nombre de profanes recommandables y soient attirés par surprise. Ce premier résultat acquis, il se peut que ceux qui commandent les ressorts du piège ne les fassent pas jouer ici ou là. Ils agissent selon leurs secrets desseins, selon les circonstances, selon leur intérêt.

Pour ce qui concerne la France, il est manifeste que le piège maçonnique a presque constamment été maintenu en état d'activité contre elle.

Introduite dans notre pays entre 1720 et 1730, la Franc-Maçonnerie eut besoin d'une cinquantaine d'années pour vaincre les résistances qu'elle rencontrait de ci, de là, en raison de ce qu'il y avait de suspect dans le secret dont elle déclarait avoir besoin de s'envelopper, alors que, cependant, elle affirmait ne poursuivre qu'un but de philanthropie et d'étude. Elle finit par se faire tolérer dans un grand nombre de nos principales villes, sous la forme de ces groupements que les initiateurs appelaient des loges; groupements minuscules puisqu'ils ne se composaient — et ne se composent généralement encore à notre époque — que de quelques dizaines de membres ; groupements bizarres aussi, en ce qu'ils se prétendaient en possession de certains soi-disant « mystères » à eux communiqués par un groupement étranger, la Grande Loge de Londres. Cela se passait après la mort de Louis XIV qui, ayant interdit l'association secrète catholique qu'était la Compagnie du Saint-Sacrement, née française, n'aurait sans doute pas toléré une société secrète née anglaise comme la Franc-Maçonnerie. L'installation d'une pareille institution dans nos villes, c'était, en somme, la possibilité pour le groupe secret supérieur anglais d'exercer en France une influence invisible et par là même incontrôlable.

Cette circonstance aurait dû éveiller la suspicion. Mais la France courait alors après toute nouveauté. C'en était une. Et puis, de si grandes précautions avaient été prises pour endormir toute défiance !

Ne perdons pas de vue que les sociétés secrètes du type maçonnique sont des organismes de propagande. Ce sont des écoles clandestines destinées à créer frauduleusement des états d'esprit, de passion, d'exaltation, de fanatisme et de fureur, d'où doit résulter l'aveuglement de ceux qui les subissent. De telles institutions ne peuvent produire leur effet que là où l'on veut bien leur permettre de fonctionner.

La première des nécessités pour ceux qui se réservaient d'utiliser un jour la Franc-Maçonnerie contre la France, c'était de réussir à l'y faire tolérer. Ainsi s'explique cette longue période, de 1725 à 1770, durant laquelle les loges, à peu près sans lien, sont bien composées et donnent des fêtes. Il fallait avant tout convaincre le public, quelque temps qu'on dût y mettre, que la Franc-Maçonnerie n'était et ne pouvait être qu'une institution dans les réunions de laquelle la bienfaisance et le plaisir se donnaient agréablement la main, en s'enveloppant — ou même, pouvait-on dire, en faisant semblant de s'envelopper — d'un secret trop ridicule pour être dangereux.

C'est donc seulement lorsque toutes défiances furent apaisées, — sauf chez ceux qu'on cherchait à faire passer pour des exagérés plus ridicules encore que le secret maçonnique lui-même, — qu'une modification profonde fut apportée dans l'organisation maçonnique. Alors la poussière de loges qui avait été répandue dans un grand nombre de villes fut soudain agglomérée par la constitution d'une fédération qui prit le nom de Grande Loge anglaise de France, mais pour fort peu de temps. Les organisateurs de la réforme trouvèrent ce nom trop compromettant et ils l'abandonnèrent pour celui de Grand Orient de France. Ainsi toute idée de subordination vis-à-vis d'un groupement secret étranger disparaissait ; et c'était fort important.

L'organisation de l'école ou de l'Université clandestine ayant été ainsi resserrée, la propagande maçonnique prit immédiatement « force et vigueur ».

Moins de vingt ans après, la Révolution éclatait.

On ne s'avisa généralement pas, tout d'abord, de penser que la Franc-Maçonnerie fût pour quelque chose dans la formidable aventure révolutionnaire. On y était d'autant moins incité que les loges françaises fermèrent leurs portes dès les premiers troubles et que, d'autre part, les nobles et les prêtres francs-maçons furent guillotinés sans plus de cérémonie que les profanes.

Pourtant, le calme une fois rétabli, des indices étaient recueillis, de plus en plus nombreux à mesure que les années passaient. Des présomptions s'accumulaient. Des probabilités apparaissaient. Mais une action d'ordre intellectuel est si difficile à saisir lorsqu'elle fait le nécessaire pour demeurer cachée et lorsqu'en outre elle dispose d'une organisation appropriée ! Il fallut presque un siècle pour qu'on fût en possession de tous les éléments permettant de créer la certitude. L'heure sonna enfin où il fut prouvé que la Franc-Maçonnerie avait provoqué la convulsion qui eût pu coûter la vie à la France, comme il devait être prouvé plus tard qu'elle avait facilité les victoires allemandes de 1870 et qu'elle avait grandement contribué à l'insuffisance de notre préparation en 1914.

Alors qu'elle avait prétendu n'être qu'une association philanthropique, il était établi qu'elle avait fait œuvre politique : c'était une première fausse apparence détruite. Mais derrière celle-là, d'autres allaient être disposées, selon les nécessités et les circonstances, comme autant de toiles peintes qu'il faudrait déchirer successivement pour découvrir la réalité. Et la destruction de chacune de ces fausses apparences devait exiger les mêmes efforts et coûter le même temps. Toujours il devait y avoir une première période, celle de l'illusion complète ; puis une seconde, celle des indices révélateurs, préparant celle des probabilités, suivie à son tour par celle des certitudes.

C'est ainsi que M. Georges Goyau ne mit la main sur la documentation concernant l'action maçonnique relative à la guerre de 1870 que plus de trente ans après l'événement.

Ajoutons qu'après chaque découverte nouvelle, il fallut discuter interminablement. Car la Franc-Maçonnerie n'a jamais cessé de nier qu'à la dernière extrémité.

Un temps vint où l'on put croire qu'on l'avait enfin forcée à se découvrir complètement.

A travers tous les avatars et en dépit des périodes soit d'attente, soit de recul, que ses exploiteurs étrangers avaient dû lui imposer, elle avait poursuivi dans notre pays la réalisation d'une œuvre nettement anticatholique. Cette œuvre, nous avons vu avec quel soin et quelle constance elle l'avait dissimulée. Mais, en dépit de ses dénégations, les preuves avaient fini par s'accumuler à tel point que l'évidence était devenue éclatante. C'est alors que les francs-maçons français se mirent à proclamer bruyamment l'anticatholicisme dont ils s'étaient défendus si longtemps. Ils allèrent même, au grand scandale des francs-maçons anglais et américains, jusqu'à affirmer que la Franc-Maçonnerie n'avait pas d'autre but que l'anéantissement de toutes les religions, en particulier du Catholicisme. Nous avons cité quelques-unes de ces déclarations, en particulier celle du F.˙. Delpech, au Convent de 1902 :

« Au point de vue politique, les francs-maçons ont souvent varié. Mais, *en tout temps, la Franc-Maçonnerie a été ferme sur ce principe : guerre à toutes les superstitions, guerre à tous les fanatismes.* »

L'affirmation était formelle et elle était corroborée par les manifestations de tous les adeptes du Grand Orient de France qui clamaient, avec la revue maçonnique l'*Acacia*, que la Franc-Maçonnerie était la « *contre-Église* », le « *contre-Catholicisme* ». Ils s'abandonnaient à de pareils aveux alors que, pendant tant d'années, leurs prédécesseurs avaient écrit, imprimé et publié : « Représentez-vous un homme craignant Dieu, fidèle à son prince, voilà le maçon... Celui qui s'écarte des devoirs de la Religion n'est point maçon. Il en usurpe le nom ; il n'a jamais mérité de le porter... »

Cette fois, la question paraissait tranchée. La Franc-Maçonnerie, pensa-t-on, n'a qu'un but : la lutte hypocrite contre les religions, en général, et contre le Catholicisme, en particulier. Elle l'a caché tant qu'elle a pu. Mais, forcée dans ses derniers retranchements, elle s'est résignée à l'aveu, bien qu'il fût la preuve de tant de mensonges antérieurs. Aveu sans danger pour elle d'ailleurs, puisque, maîtresse de la France, elle pouvait se dispenser de toute contrainte.

On avait donc toutes raisons de penser que l'on touchait enfin la vérité et que la Franc-Maçonnérie était bien ce que disaient, ce que croyaient ses adeptes français.

Et, cependant, on se trompait une fois de plus. Une fois de plus était exécutée par des subordonnés inconscients une manœuvre mensongère, voulue, calculée par une volonté consciente, mais inconnue. Une fois de plus, les francs-maçons français étaient illusionnés. Le fanatisme anticatholique qui leur avait été inculqué n'était qu'un moyen. Ce n'était pas un but. Il servait à les aveugler. C'est en l'excitant qu'on parvenait à leur faire prendre les mesures les plus propres à affaiblir et à désarmer la République, leur République, en face d'une Prusse oligarchique et monarchique qui accumulait les engins de guerre les plus formidables contre la France.

Les francs-maçons français de 1902 étaient incontestablement aussi sincères dans leurs grandiloquentes manifestations d'anticatholicisme que l'avaient été ceux qui les avaient précédés et qui avaient écrit que « celui qui s'écarte des devoirs de la religion n'est pas maçon ». Ceux-ci et ceux-là croyaient ce qu'ils disaient : ce n'est pas douteux. Il apparaît ainsi que la Franc-Maçonnerie a constamment été chez nous autre chose que ce que sa composition donnait à penser ; autre chose que ce qu'elle s'imaginait être. Ou plutôt — nous ne saurions trop veiller ici à la précision — *la Franc-Maçonnerie a toujours été en France autre chose que ce que s'imaginaient ses adeptes français, en la jugeant sur ce qu'ils étaient eux-mêmes.*

Par exemple, ceux de 1914 étaient patriotes comme tous leurs devanciers. Ils en concluaient, et de la façon la plus naturelle, que la Franc-Maçonnerie dont ils étaient les membres ne pouvait que leur ressembler. Or, l'événement a prouvé qu'il n'en était pas ainsi. Au sein de cette Franc-Maçonnerie qu'ils composaient, il y avait, à côté d'eux, au dessus d'eux, une force qu'ils n'apercevaient pas, qui a prévalu sur leur patriotisme avant 1914, comme cela avait déjà eu lieu avant 1870, et qui les amenait à travailler inconsciemment au désarmement de la France. Et à quel moment ? Justement lorsque le Pangermanisme avait intérêt à ce qu'il en fût ainsi.

Il fallait, hélas ! cette dernière expérience qui devait coûter la vie à tant de jeunes Français, tués par la faute des générations antérieures, pour qu'on pût enfin se rendre compte que la force occulte qui agit dans la Franc-Maçonnerie, à l'insu des francs-maçons français, est une force antifrançaise, et que *le véritable but de l'action maçonnique en France, c'est la destruction de la France.*

Mais une fois faite cette découverte, tout s'explique, tout devient logique.

Si l'institution maçonnique n'est qu'un instrument, un organisme de guerre manœuvré occultement par une force ennemie de notre pays, il était logique que les exploiteurs de cet organisme tournassent d'abord leur effort contre le Catholicisme et la Monarchie, assises sur lesquelles reposait l'édifice national français. Mais ce n'était là qu'un commencement.

Ces assises supprimées, il s'est trouvé que l'édifice ne s'effondrait pas. A l'inverse de ce qui se passe actuellement en Russie, un autre gouvernement comprenant les nécessités sociales prenait la place de celui qui avait disparu. Il était aux mains d'un général devant lequel l'Europe militaire était obligée de s'avouer vaincue, et qui s'attachait à restaurer les principes indispensables à la vie des groupements sociaux et nationaux. En s'attaquant à ce gouvernement comme ils s'étaient attaqués à la Royauté, les manipulateurs secrets de l'instrument maçonnique ne faisaient que continuer à frapper la France à la tête. C'est pourquoi ceux des Français qu'ils attiraient alors dans la Franc-Maçonnerie pour les y détacher du régime nouveau, étaient précisément les officiers et les administrateurs de l'Empire.

La même observation est applicable à tous les gouvernements qui se sont succédé en France depuis le Premier Empire jusqu'à la République radicale de 1914.

Il fallait la dernière trahison, pour que la ténébreuse intrigue fût enfin percée à jour. Mais comment nier maintenant ?

Si la Franc-Maçonnerie n'était pas, en France un organisme de lutte contre la France, si elle n'avait pour but que la destruction du Catholicisme et de la Monarchie, comme les francs-maçons français et comme beaucoup de catholiques et de monarchistes se le figurent, elle aurait dû s'efforcer de mettre la République athée, dont elle était la maîtresse, à l'abri de toute attaque possible de la part des monarchies voisines et, en particulier, de la Prusse. Or elle a fait le contraire. Jamais elle n'a tant excité les haines entre Français que depuis son accession au pouvoir. On peut dire sans exagération que, durant les trente années qui ont précédé la guerre, elle n'a jamais cessé de remuer inlassablement toutes les causes de discorde au point de vue religieux, au point de vue politique, au point de vue économique et social.

Ce n'est pas tout. Devenue assez puissante pour nous imposer nos gouvernants, elle est allée les recruter dans les milieux de culture intellectuelle médiocre, c'est-à-dire là où pouvaient être le plus facilement allumés les fanatismes. C'est ainsi que la France a pu avoir des députés à la fois assez fous et assez ignorants pour penser, comme le socialiste franc-maçon Brizon, quatre mois avant la guerre mondiale, qu' « un homme, un fusil, ça ne coûte pas cher et nous défendrait très bien. »

La Franc-Maçonnerie ne s'est pas contentée de cela. Par application de la tactique dissolvante si bien résumée dans la formule ironique de M. Charles Benoist, à la Chambre des Députés, quelque temps avant la guerre : « N'importe qui étant bon à n'importe quoi, on peut, n'importe quand, le mettre n'importe où », elle a introduit systématiquement l'incompétence dans les régions administratives et gouvernementales. En embrigadant les officiers envieux qui devaient l'aider à saper notre organisation militaire, elle donnait toutes les chances de victoire à nos ennemis. Elle tuait la famille, en prêchant le néo-malthusianisme. Elle étendait en même temps son recrutement jusque chez les instituteurs qu'elle fanatisait, eux aussi, pour préparer par leur intermédiaire une génération de Français dans laquelle ne subsisterait aucun principe de cohésion nationale. Et c'eût été, en cas de victoire allemande, la sécurité perpétuelle pour nos vainqueurs. Le formidable choc si longuement et si minutieusement préparé qui eut lieu après tout cela, n'était que l'aboutissement logique de la longue conspiration.

Nous voyons ainsi la France conduite, depuis plus d'un siècle et demi, par un ensemble de mesures traîtreusement combinées, jusqu'au bord de l'abîme où, au mois d'août 1914, la cynique oligarchie prussienne croyait n'avoir plus qu'à nous pousser.

Une remarque s'impose encore.

En raison de la circulation toujours active de la vieille sève française, il est arrivé que parmi les ambitieux, souvent de bas étage, où la Franc-Maçonnerie allait recruter ceux qu'elle mettait à la tête des affaires, quelques-uns grandissaient à mesure qu'ils parvenaient à des situations plus élevées. Leur intelligence prenait conscience de ce qu'exigeaient les intérêts supérieurs de la nation et ils parvenaient à s'arracher plus ou moins à l'influence des mauvaises suggestions. Or, chaque fois que l'un d'entre eux s'est avisé de rêver l'instauration d'une politique extérieure vraiment française, on a vu la force maçonnique immédiatement dressée contre lui. Il en a été de même chaque fois qu'il s'en est trouvé un qui a seulement osé envisager le problème de la réconciliation entre les Français et qui disposait d'assez de popularité pour que sa pensée eût chance d'éveiller des échos. Que d'exemples ne pourrait-on citer, depuis Gambetta jusqu'à Barthou, le jour où celui-ci rendant à la France un service inestimable, a emporté, à l'heure où c'était nécessaire, le vote sur le retour au service militaire de trois ans.

Un jour vint où ce fut le tour de Clemenceau. Son histoire est aussi caractéristique que possible au point de vue qui nous occupe.

Clemenceau fut-il jamais franc-maçon ? Cela n'a pas d'importance, étant donné l'état d'esprit qu'il a toujours manifesté jusque dans les premières années de la guerre. Il serait surprenant qu'il n'eût reçu dans sa jeunesse aucune invitation à entrer dans la Franc-Maçonnerie. Y a-t-il répondu ? A-t-il demandé l'initiation ? L'a-t-il reçue ? Non seulement c'est possible ; c'est probable. Mais alors, il a dû se faire de l'institution maçonnique une idée basée sur la stupidité de la cérémonie, et, en raison de son caractère, il a dû se jurer de ne jamais remettre le pied dans les loges, révolté, furieux contre ceux qui l'avaient entraîné dans une aussi humiliante aventure. Qu'il ait été initié ou non, Clemenceau fut, durant un demi-siècle, et sans s'en douter, un instrument maçonnique de premier ordre : et cela, tout simplement parce que, pour travailler dans le sens de la destruction française, il n'avait qu'à obéir aux suggestions de son tempérament d'infatigable démolisseur. Dans la première

moitié de l'année 1917, on le voyait encore faire, e
pleine guerre, l'opposition intransigeante et vio
lente qui est dans sa manière et qui engendre le
pernicieuses divisions. C'est pourquoi il était alor
soutenu par cette fraction fanatique du parti radical
socialiste qui représente le mieux actuellement l'ex
tériorisation de l'esprit maçonnique, tel qu'il s'e
manifesté depuis trente ans en France. Mais lor
qu'il se mit à réclamer une action vigoureuse cont
ceux qui, étant au pouvoir, « trahissaient les int
rêts de la France », immédiatement, ces mêm
francs-maçons inguérissablement fanatiques qu
l'avaient poussé, excité, félicité jusqu'alors, il
firent une guerre acharnée. Il n'était pourtant p
encore au pouvoir. Mais les circonstances avaie
fait que sa force, son énergie, son esprit, sa rude
redoutable se trouvaient engagés dans la besog
essentielle à cette heure-là pour le salut de
France. Il n'en fallait pas davantage. Les mêm
qui le soutenaient avec passion se mirent incon
nent à l'attaquer avec fureur. Et dès le jour où
tenu la direction des forces françaises, où il
songé qu'à une chose : faire et gagner la guerr
est devenu pour eux l'ennemi ; ennemi auss
testé, tout le monde a pu le constater, que le Ca
licisme et la Monarchie. Tous les patriotes qu'il
brutalisés autrefois, oubliant leurs griefs, le sou
rent énergiquement à partir de cette heure, p
qu'il faisait besogne française. Au contraire,
dont il avait servi les intérêts et les passions t
sa vie se ruaient férocement contre lui.

Toutes ces attaques obstinément dirigées p
force occulte cachée sous l'organisation maçonn
contre ceux qui furent successivement à la tê

notre pays, toutes les causes de haine suscitées entre Français pour les exciter à s'entredéchirer et à se détruire en détruisant du même coup les forces de la France, tous ces efforts pour nous désarmer matériellement, une première fois en 1870, une seconde fois en 1914, tout cet ensemble, — si incompréhensible en apparence que certains croyaient la France atteinte de démence — ne prouve-t-il pas, maintenant que nous savons à quoi il devait aboutir, l'existence d'un plan dont tous les détails ont été coordonnés avec une logique, avec un esprit de suite que, seuls, des aveugles peuvent nier ?

On s'en rend encore mieux compte lorsqu'on se souvient de ce que nous avons dit du recrutement des loges. La Franc-Maçonnerie ne laisse pas entrer n'importe qui dans ses ateliers. Elle choisit ses adeptes. A toutes les époques, elle les a pris, non pas dans toutes les classes indistinctement, mais dans telle ou telle catégorie, à l'exclusion presque complète des autres. Si donc il s'est trouvé dans les loges du XVIIIe siècle un si grand nombre de nobles et de membres du clergé séculier et régulier, c'est parce qu'ils y furent attirés. Or, ils représentaient la classe alors influente. Si l'on voulait atteindre la France, c'était donc sur eux qu'il fallait agir. C'est eux qu'il fallait attirer dans les loges. Et, précisément, il en fut ainsi. De même, après eux, ceux des Français qui furent appelés dans la Franc-Maçonnerie pour y être fanatisés et aveuglés, furent toujours ceux dont l'aveuglement pouvait être le plus funeste à la France, en raison de l'ordre de choses existant et de la situation qu'ils occupaient.

On a prétendu que si la Franc-Maçonnerie opérait son recrutement dans de pareilles conditions, c'était pour s'assurer les avantages que devait lui procurer la bienveillance des dirigeants. Mais c'est là une explication insuffisante, puisqu'une fois en possession de ces avantages, la Franc-Maçonnerie n'en a jamais usé que pour renverser le régime auquel elle les devait.

Elle voulait, dira-t-on encore, tenir enfin le pouvoir... Eh bien ! elle l'a tenu. A quel moment ? Lorsque le Pangermanisme commençait à avouer son rêve de domination universelle. Et les francs-maçons français — toujours parce qu'on les aveuglait en les fanatisant pour une idée, comme leurs prédécesseurs — ont fait tout ce qu'il fallait, eux qui jouissaient de tous les bénéfices du pouvoir, pour que le chemin de la conquête fût largement ouvert aux armées allemandes. Cette fois, la preuve est complète. Si les francs-maçons se sont emparés de la République après avoir renversé tant de gouvernements, c'était pour aboutir à cela : faciliter le triomphe du Pangermanisme ; mais sans le vouloir, puisqu'ils trahissaient, en même temps que l'intérêt de la France, leur propre intérêt. Sans le vouloir, puisqu'après avoir fait tout ce qu'il fallait pour assurer notre infériorité, ils ont fait tout ce qu'ils pouvaient pour que l'Allemagne fût vaincue. Sans le vouloir, puisque, dès avant la déclaration de guerre, les plus intelligents d'entre eux et surtout les mieux placés pour se rendre compte avaient fait machine en arrière, sitôt qu'ils s'étaient aperçus du danger; puisqu'ils avaient rétabli le service de trois ans et pris d'autres mesures de salut public. Et ils agissaient ainsi, bien qu'entravés par les mille liens qu'avait patiemment tissés la longue conspiration dont les Français qui les avaient précédés depuis cent cinquante ans dans les loges s'étaient faits, avant eux, les instruments inconscients.

Ainsi que nous le disions en commençant cette démonstration, les choses étant ainsi envisagées, toutes les contradictions que nous avons relevées dans l'histoire de la Franc-Maçonnerie française s'expliquent de la façon la plus naturelle. La trahison contre les francs-maçons catholiques et monarchistes du XVIII° siècle tendait au même but que la trahison contre les francs-maçons radicaux et athées d'avant-guerre ; et ce but était l'abaissement, la ruine et la destruction de la France. Malheureusement, la dernière de ces trahisons pouvait seule donner l'explication de toutes les autres. Et malheureusement aussi, seuls, l'héroïsme et le sang versé à flots pouvaient racheter la faute qu'avaient commise tant de Français en donnant une adhésion stupide à la Franc-Maçonnerie et à d'autres sociétés qui leur imposaient, comme elle, la promesse ou le serment du secret, soi-disant pour faire le bien.

Devant l'ensemble de ces trahisons successives, qui paraissent contradictoires tant qu'on n'a pas saisi le lien qui en fait un tout, on conçoit que des historiens aient pu émettre des opinions contradictoires, elles aussi, au sujet de la Franc-Maçonnerie. Ils n'avaient eu occasion que de voir l'une ou l'autre des évolutions accomplies et ils concluaient en conséquence. On conçoit aussi que d'autres, qui se recommandent de la méthode positive, comme Taine, n'aient pas soufflé mot de l'action maçonnique. Ayant été à même de constater une ou plusieurs des contradictions qu'ils ne pouvaient s'expliquer, ils préféraient s'abstenir.

Comment se risquer, en effet, à parler de francs-maçons monarchistes travaillant contre la Monarchie ; catholiques, contre le Catholicisme ; impérialistes, contre l'Empire ; républicains, contre la République ; démocrates, contre la Démocratie ; humanitaires, contre l'Humanitarisme ; Français enfin, contre la France ?

Pour comprendre, il fallait se rendre compte que les agents de ces trahisons apparentes n'étaient pas des traîtres ; qu'ils étaient, au contraire, en grand nombre, des idéalistes illusionnés par des mirages astucieusement créés devant eux. Il fallait discerner que, dans la Franc-Maçonnerie, la fourberie est au sommet, chez quelques chefs secrets, certainement étrangers, qui ont pour tactique de tromper et au besoin de trahir les profanes qu'ils embrigadent, ceux qu'ils ont le cynisme d'appeler leurs « initiés », leurs « frères ». Il fallait se représenter la Franc-Maçonnerie, composée d'hommes librement associés en apparence, n'étant néanmoins qu'un piège destiné à agir contre la matière humaine dont il est formé. Et pour admettre que fût possible une succession d'opérations qui apparaissent, une fois constatées, comme de véritables envoûtements, il fallait avoir touché du doigt la circonstance si extraordinaire que la Grande Guerre nous a permis de constater : il fallait avoir vu ceux que l'on prenait pour des traîtres se trahir eux-mêmes, marcher au gouffre, aveuglément, follement, en même temps qu'ils y poussaient les causes qu'ils prétendaient servir, avancer jusqu'au-dessus de l'abîme, ne reculer et ne se cramponner que trop tard, lorsqu'ils ne pouvaient plus être sauvés que par des martyres et par des prodiges.

Pour que tout cela pût être compris et expliqué, ce n'était pas trop d'une longue suite de spécialistes, héritant des travaux les uns des autres. Et encore, aucun de ces spécialistes n'eût-il été en possession de données suffisantes, avant l'acte ultime et formidable que préparaient tant de manœuvres dont l'enchaînement n'apparaît que lorsqu'on en voit l'aboutissement. Il fallait donc que, tout ayant été préparé de manière à rendre certain le succès de l'entreprise de fourberie, la force mystérieuse du principe de Justice enfantât un miracle, et que la fourberie, à l'heure où elle se croyait victorieuse, fût écrasée.

Le miracle s'est produit. Mais nous ne saurions trop nous répéter tous, chaque jour, que si nous découvrons la vérité avant qu'il soit trop tard, c'est grâce à l'héroïsme de tous ceux qui sont morts, de tous ceux qui ont versé leur sang, de tous ceux qui ont souffert. Ceux-là ont droit, les générations précédentes leur ayant imposé tant de sacrifices, à ce que la génération actuelle s'impose, elle, l'effort intellectuel nécessaire pour étudier, en toute loyauté de conscience, le mal dont la France a tant souffert, afin de découvrir le remède par lequel il peut être détruit.

QUATRIÈME PARTIE

UN FAIT NOUVEAU

CHAPITRE X

UN DOCUMENT FAUX QUI SE TROUVE ÊTRE UN DOCUMENT RÉVÉLATEUR EN RAISON DE SA FAUSSETÉ

Une brochure de propagande : *Les Protocols des Sages de Sion.*
Elle a deux histoires : une d'avant-guerre et une d'après-guerre.
— En raison des circonstances de ces deux histoires, les *Protocols* ne sauraient être pris en considération. Leur texte prouve d'ailleurs qu'ils sont un faux et que ce faux ne peut être que d'origine antisémite. — Deux catégories d'antisémites : ceux qui le sont par conviction, et ceux qui le sont par intérêt. Les pangermanistes comptent parmi ces derniers. — Incertitude quant au faussaire qui a inventé les *Protocols* ; mais certitude quant aux initiateurs de la campagne de propagande mondiale dont ils ont été l'objet. Cette propagande est une manœuvre de guerre occulte qui vaut d'être étudiée. C'est à Berlin qu'elle a été organisée. — Ce dont nous avons été personnellement témoin.

La Grande Guerre a ouvert le champ des découvertes décisives sur les procédés de guerre occulte. Nous ne devons négliger aucun des enseignements qu'elle nous a apportés. En voici un qui est de première importance :

Au lendemain de l'armistice du 11 novembre 1918, une propagande formidable fut subitement organisée, dans les milieux antisémites des principaux pays d'Europe et d'Amérique, autour d'une brochure qui portait ce titre : *Les Protocols* (sic) *des Sages de Sion.*

Cette brochure contenait une suite ininterrompue de propos ou discours émanant d'un ou de plusieurs orateurs — on ne pouvait s'en rendre exactement compte — et contenant un plan de bouleversement, de ruine et d'asservissement de tous les peuples.

Le texte donnait à penser que ces propos ou discours avaient été prononcés dans un milieu juif, par un ou plusieurs orateurs également juifs. (Nous avons fait ceci... nous ferons cela...) Mais ce texte était-il authentique ? Ne se trouvait-on pas plutôt devant une œuvre de pure imagination ?

Les propagateurs de ce document bizarre s'efforçaient d'écarter cette dernière hypothèse en s'appuyant sur le raisonnement boiteux que voici.

Les *Protocols*, disaient-ils, prédisent la guerre mondiale et le bolchevisme, bien qu'ils aient été publiés plusieurs années avant l'un et l'autre. Or ceux-là seuls qui préparaient de tels événements étaient en mesure de les prophétiser. Le document émane donc bien de ceux que désigne le texte, c'est-à-dire des Juifs.

Ainsi que le lecteur peut s'en rendre compte, il y avait un trou dans la trame de ce raisonnement ; et même un très grand trou. Car les pangermanistes ont quelque peu travaillé à la préparation de la guerre, comme aussi à celle du bolchevisme. Ils pouvaient donc prédire l'un et l'autre ; et, en conséquence, la question se posait : par qui les *Protocols* ont-ils été écrits ?

Pour répondre à cette question, il y avait lieu d'examiner les conditions dans lesquelles le document avait été porté à la connaissance du public. Or c'était précisément ce que ses propagateurs ne voulaient pas qu'on fît. L'un d'eux a été jusqu'à écrire cette énormité : que soulever la question d'authenticité dans l'affaire des *Protocols*, c'était essayer une diversion. Et dans tous les pays, il se trouva des antisémites pour leur emboîter le pas, en fermant les yeux comme on le leur demandait. Jamais n'a été mieux prouvée qu'en cette circonstance la justesse de cette parole du fondateur de l'Illuminisme : « On peut tout faire des hommes lorsqu'on sait tirer avantage de leurs penchants dominants. »

L'histoire des *Protocols* est aujourd'hui achevée. Nous verrons dans le chapitre suivant l'immense intérêt qu'y avaient les pangermanistes et nous constaterons dans un instant qu'ils y ont pris une grande part. Ils n'en ont pas tiré tout ce qu'ils espéraient et ils souhaiteraient maintenant qu'on l'oubliât. Nous tenons au contraire à ne pas laisser s'éteindre la lumière qu'elle a projetée sur la question qui nous occupe : la guerre occulte.

En réalité, *les Protocols des Sages de Sion* n'ont pas qu'une histoire ; ils en ont deux : une d'avant-guerre et une d'après-guerre ; et elles sont aussi extraordinaires l'une que l'autre.

La première a été racontée par les auteurs de la

seconde. La voici telle qu'ils nous l'ont donnée. Telle ou à peu près ; car ils n'ont pas tous tenu le même langage.

Il y a environ un quart de siècle, un écrivain russe du nom de Serge Nilus, qui vivait retiré dans un couvent, se fit connaître dans les milieux orthodoxes par la publication d'un livre sur l'Antéchrist.

Un beau jour, quelqu'un lui apporta une liasse de papiers qu'on lui donna comme reproduisant ce qui avait été dit dans certaines réunions juives. Nilus y pouvait lire, exposé en détail, un plan d'asservissement des nations au profit du peuple israélite. Cela s'appelait, lui dit-on, *les Protocols des Sages de Sion*.

Nilus y crut voir surtout une éclatante manifestation de cet Antéchrist dont il avait l'esprit occupé. S'en rapportant aveuglément à ce qui lui était dit, il publia les *Protocols* dans une seconde édition de son ouvrage. Plus tard, il en fit une brochure à part. Puis, d'autres Russes prirent la liberté de rééditer cette brochure, dans un but de propagande antisémite, en y joignant leurs commentaires. Si bien qu'on se trouve en présence de contradictions entre les versions données sur l'origine du document et sur la manière dont il aurait été remis à Nilus.

En dépit de ce concours d'efforts, les *Protocols* n'avaient pénétré, jusqu'en 1914, que dans quelques milieux russes des plus notoirement antisémites. Mais, circonstance qui peut paraître singulière, ils avaient été déposés à la bibliothèque du *British Museum* de Londres, en 1906, c'est-à-dire plusieurs années après la publication de Nilus. Notons qu'en 1919, c'est de ce dépôt qu'on a fait bruyamment état pour établir que la brochure datait bien d'avant guerre et qu'en conséquence, elle avait indubitablement le caractère prophétique qui devait être considéré, affirmait-on, comme une preuve suffisante d'authenticité.

La seconde histoire des *Protocols* commence dès que le désastre militaire allemand est devenu fait accompli. La brochure est alors exhumée. Mais ce n'est pas en Russie. Et ces comptes rendus, soi-disant accablants, qui, publiés une quinzaine d'années avant la guerre, n'avaient fait aucun bruit, sont subitement traduits en plusieurs langues et répandus simultanément dans les milieux antisémites de tous les pays d'Europe et d'Amérique. Ils y sont imposés, en ce sens qu'on les y introduit en se livrant à des manœuvres que nous devons nous garder d'oublier, maintenant que le coup monté à si grands frais est un coup manqué.

Les inspirateurs secrets de ces manœuvres avaient tout d'abord à faire savoir au public d'où venait le document qui se trouvait jeté si subitement partout à la fois.

Ils racontèrent donc comment Nilus, se trouvant désigné par la publication de son livre sur l'Antéchrist, avait reçu la visite d'un haut personnage russe qui lui avait remis le texte original des *Protocols* ; comment il avait eu à traduire ce texte, écrit en français, et comment il avait publié sa traduction dans une seconde édition de son ouvrage, puis dans une brochure qui avait ensuite été rééditée par d'autres antisémites russes. Mais qu'était-ce que ce texte qui avait été remis à Serge Nilus ?

Les propagandistes antisémites qui, entraînés par leur passion, se prêtaient si complaisamment à sa diffusion, ne savaient qu'en dire. Ce n'était pas un procès-verbal. Ils le reconnaissaient. Tout au plus s'agissait-il d'incertaines reproductions de prétendus discours ; peut-être même de simples notes prises par un auditeur pendant qu'un ou plusieurs orateurs parlaient. Quels étaient ce ou ces orateurs ? On ne le disait pas. Il n'était donc pas possible d'apprécier s'ils avaient, ou non, qualité pour engager en quoi que ce soit la responsabilité de la nation juive. Même ignorance en ce qui concernait le ou les auteurs du texte.

Avait-on du moins quelque certitude sur les réunions dans lesquelles aurait été exposé le fameux plan ? Pas davantage. Nilus, d'après de successives explications, avait commencé par parler de réunions d'étudiants juifs à Paris. Mais cette première version avait été contredite plus tard. On l'avait sans doute trouvée par trop inconsistante et l'on avait mis en circulation une seconde histoire d'après laquelle le plan d'asservissement du monde aurait été développé dans le premier Congrès sioniste, tenu à Bâle en 1897.

Ce n'était pas plus acceptable, étant donné que les propagateurs du document reconnaissaient que le texte des *Protocols* ne pouvait être considéré comme un procès-verbal. Quel était alors le chiffon de papier qu'ils mettaient tant d'ardeur à colporter ?

On n'était aucunement renseigné non plus sur le personnage auquel Nilus avait eu affaire. Cet intermédiaire lui avait raconté qu'il tenait les *Protocols* d'un policier russe et que celui-ci avait été mis en possession du papier par une femme au service d'un

« haut-maçon » français à qui elle l'avait dérobé. Quel était ce haut-maçon? Et comment, si haut qu'il fût, pouvait-il avoir entre les mains un document juif de cette nature ? Pourquoi, d'autre part, ce document était-il écrit en français ? Aucune réponse à toutes ces questions.

De sorte que voici le point de départ de la propagande qui fut organisée autour des *Protocols* dans les milieux antisémites du monde entier : un recueil, écrit par on ne savait qui, de soi-disant reproductions de prétendus discours ayant été prononcés, ou ne l'ayant pas été, par des orateurs donnés comme Juifs, dans des réunions juives qui auraient eu lieu en France, à moins que ce ne fût en Suisse ; recueil qui, trouvé à Paris, assuraient les uns, tandis que d'autres parlaient de Toulouse, avait été porté à un écrivain russe, qui disait l'avoir reçu d'un personnage dont il taisait le nom, qui disait le tenir d'un policier inconnu, qui disait se l'être procuré par l'intermédiaire d'une femme de ménage inconnue, qui disait l'avoir volé à un haut-maçon français inconnu, qui l'avait en sa possession on ne savait comment.

Vit-on jamais roman si saugrenu prendre naissance dans la loge d'une concierge ?

C'est pourtant avec cela qu'on prétendait imposer au monde la conviction que les auteurs responsables de la guerre mondiale et du bolchevisme n'étaient pas les pangermanistes !

Comment, nous demandions-nous tout à l'heure, des comptes rendus de réunions secrètes juives au-

raient-ils pu se trouver entre les mains d'un franc-
maçon français, si haut gradé qu'il fût ?

On se l'explique difficilement lorsqu'on sait que
la Franc-Maçonnerie n'est qu'un organisme secret
inférieur. Il y avait dans cette seule circonstance
quelque chose d'invraisemblable, d'inadmissible
pour qui connaît la nature des rapports existant
entre les sociétés secrètes supérieures et les inférieures. Mais cela, on l'ignorait au temps de la première publication des *Protocols*. On considérait
alors la Franc-Maçonnerie comme la reine des sociétés secrètes. La version de Serge Nilus ne devait
donc pas soulever d'objections, surtout en Russie.
Mais, si l'on avait pu la produire alors, sans crainte
d'éveiller la contradiction, il n'en était plus de
même en 1919. La thèse du Pouvoir occulte avait
alors vu le jour. Quoique incomplète encore, elle
avait fait comprendre que la Franc-Maçonnerie n'est
qu'une institution secrète subalterne. En conséquence, ce qui était acceptable au temps où Nilus
publiait sa brochure ne l'était plus au moment où
s'ouvrait la campagne de propagande mondiale organisée au lendemain de la Grande Guerre. Alors
autre histoire.

Nilus n'a pas dit la vérité ; il n'a pas pu la dire,
expliqua-t-on, parce qu'il avait le devoir de ne pas
faire connaître ceux de qui il tenait les *Protocols*.
Ce n'est pas chez un franc-maçon français que le
document fut dérobé. Après le Congrès sioniste de
Bâle, une reproduction des discours qui y avaient
été prononcés fut expédiée, par courrier spécial, à
une loge juive du nord de l'Allemagne. Un policier
russe eut connaissance du fait. Il s'attacha aux pas
du courrier juif, le corrompit et acheta de lui l'au-

risation de faire prendre copie du précieux document, en une nuit, par une troupe de scribes qu'il avait sous la main.

Ainsi était effacée la partie du récit de Serge Nilus qui n'était plus acceptable en 1919. Mais la version nouvelle n'était pas plus admissible que les précédentes. C'était, en effet, un conte un peu trop romanesque que celui dans lequel on nous montrait un courrier juif, venant de Suisse, traversant l'Allemagne, poursuivi par un policier russe traînant à sa remorque une troupe de secrétaires qui, une fois le porteur des *Protocols* acheté, prenaient copie de son manuscrit en une nuit et le lui rendaient ensuite. Croira qui voudra cette histoire. Mais où est la preuve qu'elle correspond à la réalité ?

Ajoutons que, cette fois, les correcteurs laissaient passer un bout d'oreille. Ce n'était pas un Russe, en effet, qui contredisait Nilus en cette circonstance ; c'était un Allemand qui, sitôt la guerre terminée, entreprenait une traduction allemande des *Protocols*, sous le pseudonyme de Gottfried zur Beck's. Pouvait-on, devait-on croire cet habitant d'un pays dans lequel, nous le verrons, l'existence d'écoles de mensonge politique est un fait officiellement constaté ?

Nous ignorions personnellement l'existence de ce propagandiste au début de l'année 1919. Mais nous ne tardâmes pas à entendre parler de lui dans des conditions que nous ferons connaître dans un instant.

C'est assez de toutes les circonstances que nous venons de relater pour discréditer les *Protocols*.

Pour se convaincre qu'ils constituent un faux, il suffit d'ailleurs de les lire.

C'est en vain qu'on cherche pour quelles raisons un pareil exposé aurait été fait dans des réunions d'étudiants israélites, ou même dans un congrès sioniste. Les discours relatés s'étendent sur des constatations concernant le passé, qui, inutiles au point de vue pratique, ne peuvent que nuire à la cause juive, en raison de l'indignation qu'elles provoquent. Pourquoi des Juifs qualifiés les auraient-ils développées si absurdement ?

On y trouve aussi un plan d'action, un programme d'avenir. Mais la réussite de ce plan exigerait, comme première condition, le secret. Toutes ses chances de réalisation se trouveraient anéanties, si ceux contre lesquels pareil complot est ourdi croyaient à son existence. Et des Juifs autorisés auraient étalé cet immoral et honteux programme dans tous ses détails, avec une minutie stupide, devant de jeunes étudiants imprudents et bavards, ou parmi des congressistes dont l'un ou l'autre pouvait se faire acheter ?...

Un exposé comme celui des *Protocols*, dans les conditions dont on nous parle, est invraisemblable. Il n'a pu être fait par des Juifs qualifiés, ayant autorité, dont les paroles constituent un témoignage susceptible d'engager la responsabilité de la collectivité juive. S'il en était autrement, il n'y aurait vraiment guère lieu de craindre une nation commandée par des chefs capables de telles niaiseries.

L'étude impartiale d'un tel document ne peut avoir qu'une conclusion : c'est un faux.

Cette conclusion appelle d'autres recherches. Car

un faux n'existe que par la volonté d'un faussaire.

Quel est le faussaire à qui revient la responsabilité de l'invention des *Protocols* et leur attribution mensongère aux Juifs ?

A cette question, le bon sens répond : ce ne peut être qu'un antisémite.

Sans doute, pareille machination ne viendrait pas à l'esprit de tout le monde. Le fait suivant prouve pourtant qu'elle peut venir à l'esprit de quelques-uns.

Il y a plusieurs années, une brochure était publiée à Paris sous ce titre : *A nous la France !* Elle était signée d'un nom juif : Isaac Blumchen. Elle exposait, elle aussi, tout un plan juif de désorganisation et d'asservissement du monde. Ce plan était aussi insolemment développé par Isaac Blumchen que l'est celui exposé par les Juifs dont il est question dans la brochure de Serge Nilus. Voilà, disait l'Isaac en s'adressant aux chrétiens, comment nous vous avons traités, comment nous vous traitons et comment nous vous traiterons ; et vous êtes trop stupides pour vous défendre, même étant prévenus.

Nombreux sont les lecteurs de cette brochure qui crurent à la réalité de l'existence du Juif Isaac Blumchen et qui s'extasièrent sur le cynisme de ses discours. Or Isaac Blumchen n'existait pas. Cette signature avait été prise par l'un des plus fougueux propagandistes antisémites français qui, constatant le peu d'efficacité de ses efforts pour éclairer le public sur le péril juif, avait imaginé ce subterfuge, dans l'espoir de mieux réussir. La fin, pensait-il, justifiait le moyen.

Comme *A nous la France*, les *Protocols* ont pu être faussement attribués aux Juifs par un antisémite convaincu, lui aussi, que la fin justifiait le moyen.

On s'explique alors le caractère odieux du document. A cause de ce caractère, il était impossible, nous l'avons observé, que des chefs juifs eussent prononcé les discours consignés dans la brochure, sans faire preuve de folie et d'imbécillité. Au contraire, un antisémite capable de confectionner un tel recueil pour l'attribuer aux Juifs ne pouvait que le concevoir aussi révoltant que possible. Ou bien il se serait fait un devoir de s'abstenir, ou bien la logique voulait qu'il s'appliquât à accumuler tout ce qu'il jugerait le plus susceptible d'exciter l'indignation contre ceux qu'il se croyait permis de stigmatiser en usant d'un pareil procédé.

De même, on s'explique, dans le cas de l'origine antisémite, les versions qui furent successivement données au sujet des conditions dans lesquelles les *Protocols* auraient été volés. Pourquoi, en effet, les correcteurs se seraient-ils plus gênés que les inventeurs ?

On s'explique par la même raison les variations concernant l'endroit où auraient été prononcés les discours.

On s'explique aussi le dépôt fait à la bibliothèque du *British Museum*. Des documents de même nature avaient déjà été mis en circulation au cours du XIXᵉ siècle. Mais ils n'avaient guère été pris au sérieux. L'incertitude quant à l'origine et à la date en était cause. Le dépôt des *Protocols* fait à Londres en 1906 prouvait tout au moins qu'ils avaient bien été écrits avant la Grande Guerre et avant le bolchevisme qu'ils annonçaient.

On s'explique enfin qu'il se soit tout de suite trouvé quelqu'un parmi les initiateurs de la campagne entreprise, pour connaître ce dépôt et pour en tirer l'unique argument qui ait été invoqué en faveur de l'authenticité.

Toutes les probabilités sont donc en faveur de l'origine antisémite des *Protocols*.

C'est le moment d'observer qu'il y a deux catégories d'antisémites : ceux qui le sont par conviction et ceux qui le sont par intérêt.

Parmi ces derniers, les chefs pangermanistes figurent au premier rang.

Ils veulent la domination mondiale. Ils ne peuvent donc être que les ennemis de tous ceux qu'ils savent ou qu'ils pensent la vouloir comme eux.

Leur rêve de domination n'est plus niable depuis la Grande Guerre. Dans les mois qui précédèrent l'ouverture des hostilités, les Allemands ne se privaient d'ailleurs pas d'affirmer leurs immenses ambitions. Eux seuls, à les croire, étaient capables d'assurer le bonheur de l'Humanité. Il y avait même quelque chose de mystique dans l'exaltation avec laquelle ils parlaient de la mission qu'ils prétendaient avoir reçue d'organiser le monde pour lui donner l'ordre et la paix. Les chefs pangermanistes leur avaient enfoncé cette idée dans le cerveau pour surexciter en eux l'esprit de conquête dont ils se réservaient de recueillir le bénéfice. Ils étaient par là même les rivaux de ces chefs de la nation juive dont ils dénoncent aujourd'hui l'impérialisme mondial. Leurs rivaux, donc leurs ennemis. Leurs ennemis occultes, mais leurs ennemis certains, comme le sont entre eux tous ceux qui, nourrissant une même ambition, ne peuvent la réaliser qu'en évinçant leurs concurrents.

Lorsqu'on se demande quels sont, parmi les antisémites, ceux qui ont pu avoir l'idée de fabriquer les *Protocols* pour les attribuer aux Juifs, on pense tout d'abord aux antisémites russes dont le patriotisme s'est si longtemps exaspéré à voir tant de juifs installés dans les meilleurs postes en Russie. Mais comment ne pas suspecter aussi les pangermanistes, ces antisémites par intérêt, dont le cynisme est maintenant connu du monde entier, qui avaient avantage à noircir leurs rivaux, qui n'étaient pas gens à se laisser arrêter par des scrupules et qui pouvaient si facilement prophétiser ce qu'ils mettaient tant de soin à préparer ?

Au surplus, hâtons-nous de le dire, dans le cas qui nous occupe, l'authenticité du document étant reconnue impossible, l'important est, non pas de découvrir quels sont les auteurs du faux, mais de savoir quels sont les initiateurs de la campagne de propagande à laquelle il a servi de base.

Examinons ce côté de la question.

***

C'est à Berlin qu'a été organisée la campagne de propagande basée sur les *Protocols*. Et cela a été fait à l'heure précise où l'Allemagne en avait besoin dans tous les pays où il était utile à celle-ci que l'opinion fût travaillée comme elle l'a été, particulièrement en France, en Angleterre et aux États-Unis.

Comme il importait qu'on n'aperçût pas la main allemande, certaines précautions furent prises. Mais

il s'est trouvé qu'en raison de la situation que nous avait faite la publication de nos deux ouvrages de 1908 et 1909, *Le Pouvoir occulte contre la France* et surtout *La Conjuration juive contre le monde chrétien*, nous eûmes occasion de surprendre l'action inspiratrice allemande, ainsi que les manœuvres destinées à la dissimuler. Nous devons dire ici ce dont nous fûmes témoin.

Dès que fut signé l'armistice du 11 novembre 1918, on vit passer par Paris un certain nombre d'étrangers qui, tout en affectant de s'occuper d'autre chose, faisaient, en réalité, office de commis-voyageurs pour la diffusion des *Protocols*. Il y avait surtout des Américains qui se donnaient comme antisémites désireux de se renseigner en Europe « sur les causes secrètes de la guerre », les uns pour leur compte personnel, disaient-ils, les autres pour le compte de certaines firmes. Il n'est, pour ainsi dire, pas de Français s'étant occupé de la question maçonnique ou de la question juive et jugé capable d'exercer une influence quelconque après la guerre, qui n'ait reçu la visite de ces voyageurs. Ils vinrent donc frapper à notre porte, les uns après les autres.

Ils se présentaient tous de la même manière, en commençant par nous faire les compliments qu'ils jugeaient les plus propres à leur attirer notre sympathie. Ils nous prodiguaient surtout les formules les plus louangeuses à propos de notre *Conjuration juive contre le monde chrétien*. Après quoi, ils abordaient la question qui était la véritable raison de leur visite : les *Protocols*.

L'un d'eux allait et venait fréquemment d'Allemagne aux États-Unis en passant par Paris. A l'un de ses passages, il nous entretint d'un publiciste

antisémite allemand dont il avait fait la connaissance et avec lequel, nous assurait-il, nous ne pouvions nous dispenser d'entrer en relations. Il nous
raconta que cet écrivain, qu'il appelait le capitaine
Ludwig von Hausen, connaissait nos ouvrages,
qu'il les tenait en la plus haute estime ; à tel point
que, peu de temps avant la guerre, il se proposait
de venir à Paris et de nous demander un entretien.
Le capitaine von Hausen désirait encore plus entrer
en relations avec nous, maintenant qu'il fallait, de
toute urgence, pensait-il, organiser la propagande
destinée à défendre le monde contre l'imminence du
péril juif, en usant d'un document aussi écrasant
que les *Protocols*.

Nous connaissions déjà ceux-ci par des émigrés
Russes qui nous en avaient traduit les principaux
passages, et nous les considérions comme un faux
dès cette époque. Nous ne le cachions pas à notre
interlocuteur américain. Mais celui-ci ne se décou-
rageait pas. Il remettait la conversation sur le capitaine von Hausen. Il nous racontait que cet écrivain
était ami de jeunesse de l'ex-Kaiser et du prince
Henri, qui le tutoyaient ; qu'il était antipangermaniste autant qu'antisémite ; qu'il s'était toujours
montré tel vis-à-vis de ses deux puissants amis ;
qu'à maintes reprises il avait même tenté, avant
1914, de leur persuader que la politique pangermaniste devait fatalement conduire l'Allemagne et le
monde aux pires catastrophes. Comme preuve de
tous ces dires, notre interlocuteur nous assurait
qu'il avait vu une lettre du prince Henri dans laquelle celui-ci, après avoir gémi sur les malheurs
de l'Allemagne, terminait en disant à son ami von
Hausen : « Nous n'en serions pas là, si nous avions

suivi tes conseils ! » Un jour une soi-disant traduction de ce passage nous fut même mise sous les yeux...

Mais tout cela ne prouvait pas que les *Protocols* fussent authentiques.

Un jour, les hasards de la conversation nous mirent à même de constater que le capitaine Ludwig von Hausen, ami ou non de l'ex-Kaiser et du prince Henri, était précisément l'écrivain qui, sous le pseudonyme de Gottfried zur Beck's, avait mis en circulation l'histoire du policier russe courant à la suite du courrier juif porteur des *Protocols*. Il avait, en outre, ainsi que nous l'avons dit, publié une traduction allemande de ces mêmes *Protocols* ; et il avait aussi aidé à la diffusion de traductions en d'autres langues destinées à être répandues partout où ce pouvait être utile à l'Allemagne.

Il devenait dès lors manifeste que nous étions l'objet d'une tentative allemande d'embauchage. On désirait nous enrôler dans l'armée des propagandistes antisémites qu'on aveuglait en les prenant par leur passion dominante pour leur faire accomplir une besogne pangermaniste.

Nous avions trop longuement étudié cette tactique dans la Franc-Maçonnerie pour nous laisser prendre.

Une fois notre conviction établie, nous priâmes l'intermédiaire américain de dire au capitaine von Hausen que nous n'entrerions en rapports avec lui que s'il commençait par nous renseigner sur les deux points suivants : comment il pouvait être si bien informé des conditions dans lesquelles avait été prise la copie des *Protocols* remise à Serge Nilus; et pourquoi, lui qu'on nous disait avoir prédit et

annoncé au Kaiser les désastres que devait amener
la politique pangermaniste, il changeait d'opinion
alors que l'événement lui avait donné raison, et il
attribuait maintenant ces désastres à la politique
juive.

Le capitaine von Hausen ne désirait évidemment
pas entrer en conversation sur de pareils sujets, car
nous ne revîmes plus son envoyé.

Nous eûmes d'autres occasions d'apercevoir la
main allemande dans la campagne de propagande
mondiale basée sur les *Protocols*.

Un jour un ami nous fit part du désir qu'avait
une dame que nous ne connaissions pas de nous
rencontrer pour nous entretenir d'un document
concernant la question juive ; document d'extrême
importance, avait-on dit à cet ami. Nous suppo-
sâmes qu'il s'agissait des *Protocols* et nous nous
rendîmes à l'appel qui nous était adressé.

Nous ne nous étions pas trompé. La personne qui
nous reçut était bien en possession d'un exemplaire
du fameux document. Elle en faisait même une traduction qui devait être publiée par un journal pari-
sien. Lorsqu'elle nous eût révélé cette circonstance,
elle nous informa qu'un Allemand, de passage à
Paris, sachant qu'elle devait nous rencontrer, lui
avait demandé la permission de profiter de l'occasion pour faire notre connaissance. Cet Allemand,
grand savant, nous assurait-elle, inventeur génial,
méritait d'autant plus de considération qu'il avait
fait, de tout temps, une opposition violente au Pangermanisme. A tel point qu'il lui était impossible

de rentrer en Allemagne sans courir le risque d'être fusillé.

Il se présenta bientôt, et ce fut pour nous parler des *Protocols*. Nos objections ne le rebutèrent pas. Il demanda, au contraire, à nous revoir. Ses entretiens portaient toujours sur le complot juif qui avait abouti à la guerre mondiale et au bolchevisme. Nous lui répondions en lui parlant du complot pangermaniste qui avait eu les mêmes résultats, et nous finîmes par lui poser la question devant laquelle le capitaine von Hausen s'était dérobé : pourquoi vous qui vous donnez comme ayant prévu les conséquences effroyables de la politique pangermaniste, rejetez-vous maintenant la responsabilité de ces conséquences sur les Juifs ?...

Il se déroba, lui aussi. Mais les conditions dans lesquelles nous l'avions rencontré nous avaient permis de constater que l'une des traductions des *Protocols* destinées aux antisémites français était faite sous les yeux d'un Allemand, soi-disant chassé d'Allemagne, soi-disant antipangermaniste, mais dont les efforts tendaient à rejeter toutes les responsabilités sur les Juifs et, conséquemment, à exonérer le Pangermanisme.

Une autre fois, un autre voyageur se disant Russe se présentait à nous comme ayant fait partie de la haute police impériale. Il avait lu, disait-il, nos ouvrages. C'était toujours l'amorce qui nous était tendue. Il avait été conquis par les thèses que nous y avions exposées et il venait tout exprès pour nous dire que les conclusions d'ordre logique auxquelles nous avions abouti se trouvaient corroborées de la manière la plus complète par les constatations de fait que lui avait permises la situation qu'il avait occupée. Ce gouvernement secret juif dont nous avions parlé, il l'avait repéré. C'était pour nous le dire qu'il venait à nous. Il l'avait vu préparant la guerre mondiale et le bolchevisme, décrétant l'un et l'autre, imposant la première aux peuples et le second à la Russie. Il connaissait tous les membres de ce Conseil suprême juif. Ils étaient vingt. Il savait leurs noms et il nous les dit, en grand mystère. C'était là-dessus, appuyait-il avec insistance, que devait se tourner l'attention des patriotes de tous les pays.

— Et le Pangermanisme ? lui demandions-nous.

Mais, pas plus que les autres, lui qui se disait Russe, c'est-à-dire citoyen d'un pays que la botte allemande avait écrasé, il ne voulait qu'on parlât du Pangermanisme.

— Cela est inexistant, nous répondait-il. L'Allemagne ne compte plus. Elle sera, avant six mois, abîmée dans le bolchevisme. S'occuper d'elle, c'est perdre son temps. Les *Protocols*, voilà ce qui est important, ce qu'il est urgent de faire connaître partout.

Et il nous montrait le rôle que nous pouvions jouer, auquel nous destinaient nos travaux antérieurs.

Mais notre conviction était faite ; et elle était bien fondée puisque plus de cinq années ont passé depuis cette époque, et l'Allemagne ne s'est nullement abîmée dans le bolchevisme. Au contraire, c'est le Pangermanisme qui maintient et inspire le Soviétisme à Moscou. C'est lui qui tient la Russie en servage. C'est lui qui, par ses manœuvres frauduleuses, par sa propagande insidieuse, arrive à diviser ses vainqueurs, les amène à détruire d'eux-mêmes le traité de Versailles par lequel la réparation des ruines est légitimement imposée à ceux qui les ont causées.

Nous reçûmes beaucoup d'autres visites du même genre. Elles n'avaient toutes qu'un but : notre embrigadement. Et toujours les visiteurs disparurent lorsqu'ils eurent constaté notre volonté arrêtée de n'oublier ni les responsabilités du Pangermanisme, ni la persistance de son action occulte. Nous étions à leurs yeux, par cela seul, un homme avec lequel il n'y avait rien à faire.

Tous ces propagandistes ne se déplaçaient évidemment pas ainsi sans dépenser beaucoup. L'un d'eux nous disait qu'il allait partir pour la Turquie, l'Égypte, la Mésopotamie, les Indes. Aux frais de qui tous ces voyages ? Sans doute aux frais de ceux qui devaient en retirer bénéfice. Et puisque ces voyageurs ne parlaient que des *Protocols*, puisqu'ils montraient les Juifs seuls responsables de la guerre et du bolchevisme, de la dislocation des Empires et des hécatombes gigantesques, puisqu'ils présentaient l'Allemagne comme une victime innocente, d'ailleurs réduite à la plus complète impuissance, quels étaient ceux qui devaient bénéficier de leur propagande, sinon les chefs pangermanistes ?

Ce qui s'est fait à Paris à ce sujet a été fait en bien d'autres pays. Des traductions des *Protocols*, avec commentaires appropriés, ont été répandus partout où c'était utile à l'Allemagne, sans qu'on sût d'où cela venait.

Partout où c'était utile à l'Allemagne, et au moment où ce l'était : voilà la circonstance à noter.

CHAPITRE XI

En quoi, demandera-t-on, la diffusion des *Protocols* pouvait-elle être utile à l'Allemagne ?

Les chefs du Pangermanisme avaient intérêt non seulement à la diffusion des Protocols, mais même à leur confection.

Si un pareil document est privé de toute force probante contre les Juifs, étant données les conditions dans lesquelles il a été porté à la connaissance du public, nous ne devons pas oublier que le complot mondial dont il y est question a bien existé. Sa réalisation a été tentée et elle a failli réussir en 1914 et en 1918. Pour l'éviter au monde, il n'a pas fallu moins que le sacrifice sanglant de plusieurs millions de jeunes hommes. Mais par qui voulue, cette réalisation ? Par qui entreprise et poursuivie avec un acharnement, une cruauté, un cynisme inconnus dans l'histoire ? Par les chefs pangermanistes.

Ils savaient, ces chefs, que leur conspiration aboutirait à une guerre qui devait être mondiale, comme leur ambition. Et ils ne reculèrent pas. Ils prirent longtemps à l'avance toutes les mesures nécessaires. Ils poussèrent leur organisation militaire à un degré qui devait leur permettre de lutter contre l'Europe entière. Ils s'étaient ainsi donné l'instrument par lequel ils comptaient obtenir « la décision », c'est-à-dire l'écrasement, jugé par eux nécessaire, de ceux qu'ils prétendaient asservir. Les Juifs, qu'ils dénoncent si véhémentement aujourd'hui, n'ont jamais eu à leur disposition les armées indispensables pour opérer un pareil écrasement à leur profit. C'est un fait. Au contraire, les chefs pangermanistes les possédaient. Après les ébranlements moraux et les dislocations matérielles déjà produits dans le monde par leurs manœuvres occultes, formidablement armés comme ils l'étaient, ils ne doutaient pas du succès. Ils comptaient arriver à Paris « comme en chemin de fer ». Mais ils avaient à redouter un soulèvement général d'indignation au lendemain de leur victoire, une fois l'œuvre de conquête et d'exploitation étalée au grand jour et soutenue par le système de terreur qui eût été nécessaire pour empêcher toute velléité de révolte. Un document comme les *Protocols*, auquel le dépôt fait au British Museum donnait date certaine, devait les aider à détourner d'eux cette indignation, car ils n'avaient qu'à le tirer de la bibliothèque où ils le savaient déposé et à le produire au grand jour, pour se prévaloir d'un immense service rendu par eux au monde civilisé. Ils auraient montré les Juifs organisant l'anarchie dans tous les pays, préparant la ruine du monde selon le plan développé dans le document dénonciateur, utilisant les armées et les flottes des pays démocratiques comme la France et l'Angleterre, n'hésitant pas à plonger les peuples dans les horreurs d'une guerre effroyable, afin de les décimer, de les démoraliser et d'anéantir ainsi tout ce qui pouvait faire obstacle à leur rêve messianique de domination universelle. Mais, eussent-ils ajouté, le Pangermanisme informé, attentif, vigilant, s'était préparé silencieusement à soutenir la lutte inévitable pour le salut du monde. Il était descendu dans l'arène et sa victoire épargnait à l'univers chrétien le honteux esclavage...

N'était-ce pas là un beau thème à développer, et ne voit-on pas bien dans ce rôle les intellectuels qui lançaient en 1914 le manifeste destiné à justifier la sauvage agression ? N'avons-nous pas eu, d'ailleurs, un avant-goût de cette glorification de l'œuvre allemande au début de la guerre et n'avons-nous pas enregistré, dans le présent ouvrage, quelques-unes des déclarations pangermanistes où l'Allemagne était présentée comme le champion des idées conservatrices contre les armées coalisées de la démocratie, du socialisme et de l'anarchie ?

Les chefs pangermanistes avaient donc très grand intérêt à la fabrication d'un document comme les *Protocols*, même pour le cas de réussite de leur complot. Ne nous occupons toutefois que de l'avantage qu'ils avaient à espérer de sa diffusion, dans l'état de choses existant depuis le 11 novembre 1914.

Cet avantage est double. Il concerne la question des réparations et celle de la guerre de revanche.

Vaincus après avoir été les agresseurs, les Allemands se sont vus justement condamnés (M. Lloyd George lui-même l'a solennellement proclamé) à la réparation des dévastations inouïes auxquelles ils se sont livrés. S'ils pouvaient échapper à cette obligation, l'aventure se terminerait pour eux par une victoire économique qui compenserait leur défaite militaire, dans une Europe qu'ils ont épuisée et ruinée. C'est pour arriver à ce résultat que, depuis 1919, ils ont fait tant d'efforts pour tromper le public sur le fait de leur agression. Ils veulent qu'on ne les croie pas coupables, pour qu'on ne les fasse pas payer ; et l'un des moyens qu'ils ont considérés comme les plus efficaces pour y réussir, ce fut la propagande qu'ils entreprirent pour rejeter toutes leurs responsabilités sur les Juifs. Les Allemands ne doivent rien parce que les Juifs doivent tout : telle était la conclusion qu'ils entendaient tirer de la propagande antisémite mondiale basée sur les *Protocols* ; conclusion qu'ils ont d'ailleurs formulée en Allemagne. Voilà pour ce qui concerne la question des réparations.

Voici maintenant pour ce qui regarde celle de la guerre de revanche.

Après l'usage qu'il a fait de la Franc-Maçonnerie avant la guerre de 1870 et avant celle de 1914, nous savons que le Pangermanisme disposait de deux organisations de guerre : l'une en vue des combats sur les champs de bataille, l'autre en vue de la guerre occulte. Il a été privé momentanément de la première. Mais la seconde lui reste ; et elle est intacte, parce qu'elle est encore insoupçonnée du public. Les chefs pangermanistes y eurent recours dès qu'ils cessèrent d'avoir pleine confiance en la victoire par les armes. Lorsqu'ils se furent rendu compte de l'impossibilité où ils étaient de rompre les fronts que leur opposaient les alliés, ils entreprirent de les dissoudre par les procédés de trahison qui sont ceux de l'action occulte. On sait à quelle propagande perverse furent exposés nos soldats et quels en furent les résultats en certaines circonstances. C'était précisément à l'époque où Lénine et Trotsky furent transportés en Russie, pour y réaliser leur œuvre de désagrégation sociale. Si nous voulons avoir une idée de la force de l'organisation occulte pangermaniste, nous n'avons qu'à constater les résultats qu'elle a produits chez nos malheureux alliés. En quelques semaines, elle accomplissait ce que n'avaient pu des armées formidables, en trois années d'efforts gigantesques. Quelques semaines ! Et le géant moscovite était frappé de paralysie !

Nous serions fous si nous nous figurions que les chefs du Pangermanisme ne cherchent pas à réduire de la même manière ceux qui sont parvenus à les vaincre militairement. Mais pour qu'ils y réussissent, une condition est indispensable ; il faut que les masses socialistes, auxquelles il s'agit pour eux d'inoculer le virus soviétique, ne se doutent pas que le bolchevisme n'est que le moyen sur lequel ils comptent pour imposer leur domination au monde. Rien de possible pour eux sans cela. En voici la preuve.

Le 26 octobre 1922, *le Matin* publiait un article sur « *la dislocation du parti communiste et la formation d'un nouveau parti par les exclus et les démissionnaires* ». Il reproduisait un appel de l'Union fédérative des travailleurs socialistes révolutionnaires de France, dans lequel on lisait ce qui suit :

« Un certain nombre d'entre nous viennent d'être frappés d'exclusion...

« Ils sont exclus parce que, par probité intellectuelle et dignité élémentaire, *ils se sont refusés à souscrire aux principes d'organisation qui tendent à entraîner les masses derrière des mots d'ordre qu'elles ne sont appelées ni à discuter, ni à comprendre, et dont la portée et le but ne sont révélés qu'à quelques initiés...*

« C'est sans amertume que nous quittons ce parti qui entend proscrire tout droit de discuter, dans ses assemblées, des conceptions *qui leur sont dictées de l'extérieur* et dont l'atmosphère est irrespirable aux consciences libres. »

Ainsi donc, si ces dissidents se sont séparés du parti communiste, c'est parce qu'ils refusaient d'accepter des conceptions « dictées de l'extérieur ». Or, en la circonstance, l'extérieur, c'était Moscou. Le nombre des révoltés n'eût-il pas été beaucoup plus considérable s'il leur avait été prouvé que Moscou est occultement asservi aux chefs pangermanistes ?

Nous entendons une objection qui vient de presque partout.

On nous dit :

Le soviétisme n'a que des Juifs pour chefs en

Russie. Comment pouvez-vous penser qu'il est fomenté et inspiré par le Pangermanisme ?

C'est une idée à peu près généralement admise ! que, les chefs visibles du soviétisme étant Juifs, celui-ci ne peut être qu'une affaire juive.

Or, c'est le contraire qu'il faut penser : puisque les chefs visibles du soviétisme russe sont des Juifs, il y a toutes probabilités pour que les vrais chefs, les chefs occultes, soient des non-Juifs.

Le soviétisme a été organisé occultement. Il cherche à se propager au moyen de propagandes effectuées et de consignes transmises par des groupements secrets décorés du non de « cellules », de « noyaux », comme les groupements secrets maçonniques sont décorés du nom de « grades ». Le document que nous venons de citer est probant au sujet de ces groupements secrets bolchevistes. Or, la tactique occulte a ses lois, comme la tactique militaire. La première de ces lois, nous avons déjà eu occasion de le dire, c'est que jamais les vrais chefs ne doivent se montrer. Jamais ils ne doivent agir par eux-mêmes. Toujours ils doivent faire agir des chefs apparents ; et toujours aussi ils doivent choisir ces chefs apparents de manière à donner le change aussi complètement que possible. C'est pourquoi nous disons que les chefs juifs apparents du soviétisme ne peuvent avoir été choisis par des chefs occultes juifs. Ils sont les créatures de chefs occultes certainement non Juifs.

Au reste, rappelons encore une fois que Lénine et Trotsky ont été conduits, à travers l'Allemagne, de la frontière suisse à la frontière russe, par le gouvernement du Kaiser ; et cela, à l'heure où le Pangermanisme se sentait si gravement menacé.

Rappelons aussi que des enquêtes américaines ont prouvé que, dès qu'ils se furent emparés du pouvoir, les chefs du gouvernement soviétique reçurent des ordres de l'État-Major allemand, et de l'argent, par dizaines, vingtaines et trentaines de millions, du gouvernement de Berlin. Rappelons enfin que Ludendorff et d'autres généraux allemands ont reconnu que l'installation du soviétisme en Russie est bien une affaire allemande.

N'est-ce pas assez de toutes ces circonstances pour justifier notre manière de voir ?

Il y a pourtant plus encore.

Les propagateurs des *Protocols* tirent argument de la prédiction faite quelques années à l'avance, concernant le plan d'asservissement du monde par destruction des organisations nationales existantes, tel que nous le voyons réalisé en Russie.

Quelques années à l'avance : cela leur paraît une preuve décisive.

Or, il y a un siècle et demi que ce plan a été exposé, développé, avec indication des moyens à employer et des méthodes à suivre. Nous en avons pour preuve, non plus un papier invraisemblable tombé on ne sait d'où, comme les *Protocols*, mais une documentation donnant toute certitude, contre l'authenticité de laquelle aucun doute n'a jamais été émis, bien qu'elle ait été publiée plus de cent vingt-cinq ans avant la Grande Guerre. Seulement, d'après cette documentation, ce n'est pas dans une assemblée de Juifs que le fait s'est produit ; c'est dans une société secrète composée d'Allemands de haute situation sociale, parmi lesquels figuraient jusqu'à des princes souverains à qui, sans doute, leur petite principauté ne suffisait pas. La réalisation de ce plan a même été préparée durant dix ans dans la dite société secrète. Cela mérite vraiment plus que les *Protocols* de retenir notre attention.

Arrêtons-nous y donc un instant.

Nous avons fait mention plusieurs fois, dans la présente étude, de l'association allemande dont il s'agit. C'est celle qui portait le nom d'Illuminisme, ou Ordre des Illuminés.

Après avoir si longuement parlé des sociétés secrètes mises en action par le Pangermanisme et, en particulier, de la Franc-Maçonnerie, il est temps que nous nous occupions de celle-là, dont le rôle est tout autre. L'exemple nous en a d'ailleurs été donné pendant la guerre ; et, comme on va le voir, il tombe d'assez haut.

Au commencement de l'année 1916, un candidat au doctorat ès-lettres, M. Le Forestier, soutenait en Sorbonne une thèse sur ce sujet : *Les Illuminés de Bavière et la Franc-Maçonnerie allemande.*

Le jury devant lequel il comparaissait était composé de MM. Aulard, président, Charles Andler, Debidour, Denis, Lichtenberger, Seignobos.

Puisqu'une telle question a été discutée en un tel lieu devant de tels personnages, il est tout au moins acquis qu'on peut parler de l'Illuminisme et de la Franc-Maçonnerie sans se rendre aussi ridicule que certains intellectuels français se le figurent.

M. Le Forestier était allé étudier l'Illuminisme aux sources. Après avoir lu Barruel, il avait voulu s'assurer que la traduction de la documentation présentée par celui-ci dans ses *Mémoires pour servir à l'histoire du Jacobinisme*, était bien conforme aux textes originaux déposés, après le procès de 1786, aux *Archives secrètes de la Maison Royale de Bavière* et dans d'autres bibliothèques allemandes. Sur ce point, il a donné tous apaisements à ses auditeurs en affirmant la sincérité et l'exactitude de la documentation de Barruel, bien qu'il critiquât les tendances et les interprétations de celui-ci.

Le candidat fut invité par M. Aulard à s'expliquer sur le point suivant :

Est-il vrai, comme plusieurs l'ont prétendu, qu'il y eût quelque rapport entre l'Illuminisme et la Franc-Maçonnerie française ?

Au point de vue patriotique, c'est là une question de grande importance. Si la Franc-Maçonnerie française a pu être subordonnée ou même seulement influencée d'une manière quelconque, à la fin du XVIIIe siècle, par une société secrète allemande comme l'Illuminisme, elle a pu l'être plus tard par une autre. On s'expliquerait ainsi son attitude et ses actes avant la guerre de 1870 et avant celle de 1914.

Il n'est qu'une façon de découvrir s'il y a, ou non, quelque rapport entre deux sociétés secrètes : c'est d'étudier le mécanisme de l'organisation de chacune. Or, pas un seul moment il n'a été question de l'organisation, soit de l'Illuminisme, soit de la Franc-Maçonnerie, dans la thèse soutenue par M. Le Forestier. Et néanmoins celui-ci, en réponse aux questions qui lui étaient posées, a affirmé d'une façon catégorique qu'il n'y avait aucun rapport entre les deux.

La vérité est qu'il n'était en possession d'aucun

des éléments de connaissance qui lui auraient permis de formuler une opinion raisonnée sur ce sujet.

Pour qu'un lien soit établi entre deux sociétés secrètes, il suffit que l'une introduise subrepticement un espion dans l'autre. Pour que ce lien devienne plus étroit, jusqu'à créer une subordination, il suffit qu'au lieu d'un espion, il y en ait plusieurs obéissant à une même consigne. Il se peut d'ailleurs que si l'une envoie un ou des espions dans l'autre, celle-ci fasse de même. Et voilà une complication de rapports.

Manifestement, M. Le Forestier n'avait pas idée de cela ; et il affirmait quand même : aucun rapport entre l'Illuminisme et la Franc-Maçonnerie française. Qu'en savait-il ?

Parmi toutes les sociétés secrètes qui existent, il n'en est pas deux dont on puisse dire avec certitude qu'il n'y a pas de rapport entre elles. Telle est la réalité ; et le bon sens l'indique.

C'est donc le bon sens qui protestait en nous contre les affirmations de M. Le Forestier.

Mais combien plus, lorsque nous entendîmes l'auteur d'une thèse si scrupuleusement étudiée à d'autres points de vue, résumer son opinion sur le caractère général de l'Illuminisme, en disant que celui-ci était l'œuvre d'un fou !...

Étrange folie, vraiment, que celle qui aboutit à une création où tout est combiné avec une méthode si sûre et un art si profond, en vue du but à réaliser !

L'énoncé d'une appréciation à ce point inadmissible nous inspira la résolution d'étudier avec plus de soin que nous n'avions encore fait la documentation fournie par Barruel et certifiée exacte par M. Le Forestier.

Disons tout de suite qu'après cette étude, nos conclusions sont en complète opposition avec celles formulées en Sorbonne devant des juges dont l'un au moins, l'auteur du *Pangermanisme philosophique*, M. Charles Andler, ne semblait entrer qu'avec peine dans les vues du candidat.

Non seulement l'organisation de l'Illuminisme et celle de la Franc-Maçonnerie étaient en rapport très étroit. En réalité, les deux n'en faisaient qu'une et si l'on n'est parvenu jusqu'ici à comprendre ni la première ni la seconde, c'est parce qu'on n'a pas eu l'idée de les rapprocher.

Cette organisation commune à l'Illuminisme et à la Franc-Maçonnerie englobe d'ailleurs toutes les sociétés secrètes sans que s'en doutent les membres de celles-ci. Elle est, à proprement parler, l'organisation même de la guerre occulte.

On en peut dire autant de la théorie élaborée par ce pseudo-fou de Weishaupt, telle qu'elle se trouve exposée et développée dans les documennts ayant figuré au procès de 1786. C'est la théorie même de la guerre occulte, c'est-à-dire d'une guerre qui se fait en pleine paix, par une propagande mensongère dont les sociétés secrètes servent à multiplier les effets, et qui tend à l'asservissement des peuples obtenu par la désagrégation des organismes nationaux, telle que nous l'avons vue se produire en Russie. De sorte que le bolchevisme n'est pas autre chose que la réalisation de la théorie de l'Illuminisme ; réalisation préparée et rendue pour ainsi dire automatique par la lente et invisible action des sociétés secrètes.

L'Illuminisme était une de ces sociétés secrètes supérieurement constituées et recrutées, qui savent s'en subordonner d'autres, et qui, par l'intermédiaire de celles-ci, préparent lentement les révolutions destinées à renverser les Pouvoirs établis, DANS LE SEUL BUT DE SE SUBSTITUER A EUX.

C'est de ce but ultime qu'il faut bien se pénétrer, si l'on veut voir clair dans la question des sociétés secrètes. On a trop parlé jusqu'ici d'amour satanique de la destruction pour la destruction. C'est ainsi qu'on a rendu la question incompréhensible. Les chefs des sociétés secrètes supérieures veulent détruire, oui ; mais pour dominer, pour exploiter. Il n'y a malheureusement là rien de si extraordinaire. N'est-ce pas ce que font aussi les guerriers animés de l'esprit de conquête ? Comme les chefs occultes des sociétés secrètes supérieures, ils commencent par détruire ce qui leur fait obstacle. Mais leurs procédés de destruction diffèrent.

Tandis que les sociétés secrètes supérieures se subordonnent invisiblement d'autres groupements plus ou moins occultes, elles sont elles-mêmes subordonnées à un Conseil suprême, toujours composé de très peu de membres se recrutant d'après une règle qu'ils sont seuls à se fixer. Étant les vrais maîtres, ces quelques chefs devraient être les seuls responsables. Ils échappent au contraire à toute responsabilité, par cela même qu'ils sont inconnus et enveloppés de groupes qui agissent pour eux. C'est là qu'est toute l'immoralité, toute la perversité du système : dans l'organisation par le fonctionnement de laquelle de tels résultats sont rendus possibles.

Ainsi, dans l'Illuminisme, sur les milliers d'adeptes que comptait l'Ordre, il n'y en avait que treize pour composer le groupe chef. Ces treize connaissaient seuls le vrai but de l'institution. Et ils imposaient leur autorité à tous les autres par des procédés de mensonge et de fourberie dont le lecteur va pouvoir mesurer le cynisme.

En dehors de cet « Aréopage », l'Illuminisme ne se composait que de deux catégories de sociétés secrètes superposées : une inférieure et une intermédiaire ; mais chacune de ces catégories comprenait elle-même une superposition d'associations dénommées grades, qui constituaient autant de lieux de préparations et d'épreuves successives.

C'est précisément ce qu'on trouve dans cette Franc-Maçonnerie qu'on nous donne comme étant sans rapport avec l'Illuminisme. Mais le recrutement de celui-ci était infiniment plus sévère que le recrutement maçonnique et il s'opérait dans des conditions qui montrent bien qu'il s'agissait d'une société secrète destinée à commander aux autres.

Les candidats n'étaient pas des profanes qui, informés de l'existence de l'institution, frappaient à sa porte et demandaient l'entrée. La porte de l'Ordre des Illuminés était invisible ; et ceux-là seuls pouvaient finir par la franchir, qui étaient choisis sans en être informés, cuisinés sans le savoir, et enfin proposés à l'admission, s'il y avait lieu, par des recruteurs spécialement dressés en vue de cette besogne. Ils étaient préalablement éprouvés, à leur insu, par ces recruteurs dont ils ne soupçonnaient ni le rôle, ni la qualité d'Illuminés. Ils subissaient par eux, et sans s'en douter, au sein du monde profane, une préparation qui pouvait durer jusqu'à deux et trois ans, et qui avait pour but de ne laisser pénétrer dans l'Ordre que les sujets *capables d'obéir aveuglément à des chefs qu'ils consentaient à ne pas connaître, tout en leur abandonnant jusqu'au droit de vie et de mort.* C'est à ce degré de soumission que les recruteurs avaient à les porter, avant de les proposer comme candidats.

Pour justifier un abandon si complet de leur intelligence et de leur volonté, on exposait aux futurs novices que l'institution dont on leur parlait sans révéler son nom avait pour but « le bonheur et la perfection de l'Humanité » ; qu'à cause de cela, elle contrariait toutes les ambitions, gênait tous les égoïsmes et irritait toutes les perversités. Ses chefs étaient, en conséquence, exposés à tous les périls. C'est pourquoi ils devaient se tenir cachés ; et c'est pourquoi aussi, en raison de la sublimité du but qu'ils avaient en vue, ils méritaient d'être servis par une élite d'êtres assez dévoués pour travailler silencieusement et obscurément à la réalisation de ce but sublime, dans un esprit de soumission et de confiance absolues. L'explication valait ce qu'elle valait. Mais ceux-là seuls étaient admis, qui l'acceptaient. Les autres étaient écartés. Tous ceux dont la présence eût pu être gênante se trouvaient ainsi éliminés par une sélection préalable qui en facilitait d'autres.

Sur ce premier prélèvement opéré avec tant de soin au sein du monde profane, un second avait lieu. Il tendait à distinguer et à former ceux des adeptes qui devaient entrer dans les sociétés intermédiaires, pour y être employés au recrutement des candidats et à la formation des membres des sociétés inférieures.

Les Illuminés jugés dignes de ce second choix étaient soumis à de nouvelles épreuves et en même temps à une autre éducation par laquelle on les préparait à ne pas s'effrayer de la condition qui, leur disait-on, était indispensable pour l'obtention du but. Cette condition était la destruction, l'anéantissement de toutes les autorités existantes : politiques, religieuses, sociales, morales, nationales. Voici comment on la justifiait.

Ces autorités, exposait-on, s'étaient toutes constituées abusivement. Aucune ne s'était imposée que par des attentats contre l'égalité, condition première du bonheur et de la perfection de l'humanité. Aucune ne s'était maintenue que par violence et à force de crimes. Toutes, par conséquent, méritaient d'être supprimées. Leur destruction était une nécessité aussi sainte qu'était saint le but de l'Ordre. C'était là le secret des adeptes de la catégorie intermédiaire ; secret soigneusement caché aux initiés inférieurs.

Au sommet de l'Illuminisme était le groupe chef, l'Aréopage, composé, nous l'avons dit, de douze membres seulement, avec Weishaupt, treizième, comme général. Et sur les milliers d'adeptes, ces treize étaient seuls à savoir que le but de l'Ordre était tout simplement l'établissement de leur dictature. Pour que cette dictature devînt possible, il fallait que tout ce qui pouvait faire obstacle à son avènement fût d'abord renversé. C'est pourquoi toutes les autorités existantes, c'est-à-dire toutes les forces organisées, devaient être anéanties. « Le

bonheur et la perfection de l'Humanité » n'étaient
que des prétextes mensongers servant à fanatiser
les embrigadés.

Tous les Illuminés étaient donc trompés, comme
nous l'avons dit ; les membres des sociétés intermédiaires comme ceux des sociétés inférieures ;
tous, sauf les treize qui trompaient tous les autres
pour s'en faire des soldats aussi fanatiques qu'inconscients.

On comprend qu'une telle institution puisse paraître satanique à ceux-ci, folle à ceux-là. Les premiers sont plus logiques que les seconds en ce
qu'au moins ils tiennent compte de l'élément fon-
damental d'une pareille conception : la perversité.
Mais ils s'imaginent que celle qui ne recule pas devant de pareilles félonies ne saurait être d'ordre
humain. Ils se trompent. La vérité est que l'organisation occulte a pour effet de sélectionner les plus
fourbes, de les porter aux sommets, et de mettre
les moins déloyaux, avec les honnêtes, à leur service.

Qu'on se représente un pareil système fonctionnant durant plusieurs siècles, et peut-être se fera-
t-on une idée du degré de cynisme auquel doivent
être arrivés ceux qui se trouvent désignés, après
ce laps de temps, pour occuper les étages les plus
élevés de la hiérarchie. Là comme ailleurs, le progrès existe. Or, qu'est-ce que le progrès, sinon
quelque chose qui s'ajoute à ce qui était déjà acquis ? Le progrès dans les sociétés secrètes supérieures consiste en ceci : un peu plus de perversité
mieux organisée sans cesse ajouté à l'héritage de la
secrète organisation des perversités anciennes.

Mais, dira-t-on, comment un pareil système

peut-il exister ? Et n'est-ce pas là qu'est le satanisme ?

Un pareil système existe tout simplement en raison des lois générales et de celles de l'humaine nature.

D'après ces lois, l'homme est obligé, comme tous
les autres êtres, de lutter pour vivre ; mais il est doué
de façon à pouvoir lutter par la force ou par la ruse
et à organiser l'un et l'autre procédé en vue des
luttes collectives. Ce sont là des vérités élémentaires.

Un grand exemple a bien été donné un jour au
monde pour lui enseigner une troisième manière
de combattre. C'était à l'heure où la force romaine
avait subjugué presque tout l'univers connu. L'é-
tablissement du Christianisme prouva alors que les
hommes peuvent lutter et vaincre par l'emploi d'un
troisième procédé : l'abnégation, le sacrifice. Mais
les maîtres de notre temps rient de ce procédé. Ils
déclarent périmé l'ordre moral fondé par les premiers chrétiens. Alors nous en revenons aux deux
antiques systèmes de lutte, ceux qui régissent le
monde de la bestialité : la force et la ruse.

Le premier, de perfectionnements en perfectionnements dans l'art de détruire, a fini par aboutir
à ces formidables engins dont les peuples ont subi
la terrifiante puissance durant quatre mortelles
années.

Le second s'est caractérisé par la création de ces
organismes sociaux que nous appelons des sociétés
secrètes ; organismes inconnus du monde profane
et dont, pour cette raison, les hommes spécialement doués pour la fourberie peuvent se faire un
monopole en vue de la guerre occulte. Tandis que

les guerriers ont pour moyen de conquête les destructions d'ordre matériel obtenues par la lutte sur les champs de bataille, les conspirateurs de l'école de Weishaupt ont basé leur système de conquête, d'asservissement et d'exploitation sur l'observation des vérités suivantes :

1° Les collectivités humaines ne peuvent durer qu'à condition de se soumettre à des règles et à des devoirs, autrement dit, à condition de se discipliner ;

2° Si l'on parvient à leur persuader de se soustraire à ces règles, à ces devoirs, à cette discipline qui leur donnent la cohésion, la force et la vie, elles ne sont plus que masses désagrégées, cohues impuissantes, véritable poussière flottante ;

3° Lorsqu'elles sont réduites à cet état, toute organisation qui surgit au milieu d'elles n'a aucune peine à s'imposer, servie qu'elle est par la nature, qui a horreur de l'anarchie comme elle a, disait-on jadis, horreur du vide.

En conséquence, la tactique des spécialistes de la guerre occulte se résume en ceci : créer une discipline à leur profit, en détruisant toutes les autres disciplines existantes.

C'est pourquoi nous voyons l'idée de soumission absolue, d'obéissance aveugle, toujours imposée aux adeptes des sociétés secrètes créées en vue des propagandes les plus anarchiques. On leur fait croire que cette obéissance est une nécessité momentanée pour que l'anarchie finisse par régner partout. La vérité est au contraire que l'anarchie momentanée est indispensable pour que s'établisse la dictature des chefs occultes. Mais c'est ce que les adeptes abusés ne peuvent voir que trop tard, lors-

que les conséquences éclatent et lorsque, comme les
francs-maçons français du mois d'août 1914, ils
n'ont plus qu'à se dire : « Avons-nous été assez
poires ! »

Weishaupt avait-il la claire vision du système que
nous venons d'exposer ?

Le diable l'avait pour lui, répond le jésuite Barruel.

Non pas, proteste M. Le Forestier ; Weishaupt
n'était qu'un halluciné, un pion affolé d'orgueil.

Simples appréciations, disons-nous.

Mais à côté de ces appréciations il y a un fait certain, à la constatation duquel nous nous tenons et
qui est celui-ci.

Un organisme a existé en Allemagne à la fin du
xviii° siècle ; organisme dont le fonctionnement
avait cette double conséquence : la destruction de
toutes les autorités existantes et en même temps
leur remplacement par la constitution d'une autorité unique, absolue, celle des treize membres d'un
groupe secret supérieur.

Le créateur de cet organisme n'a pas su ce qu'il
faisait, nous dit M. Le Forestier. Nous répondons :
qu'il ait si bien combiné l'organisation de son
Illuminisme, dans tous ses détails, sans avoir en
vue les résultats qui devaient en être la conséquence logique, ce serait bien étrange. Mais pas-
sons là-dessus. Que Weishaupt ait mesuré ou non
la portée de ce qu'il faisait, il est certain qu'il l'a
fait ; et ce qu'il a fait a pu être médité, étudié. Son
système, ayant été dévoilé par le procès de 1786, a

pu être utilisé par d'autres. Les événements nous prouvent même qu'il l'a été.

Ce système tendait à la destruction des autorités existantes. Et nous avons vu cette destruction opérée en Russie.

Il avait pour but leur remplacement par une autorité despotique substituée aux autorités détruites. Et c'est ce qui est arrivé dans cette même malheureuse Russie.

Il avait pour procédé la propagande tendant à l'aveuglement des masses, par création d'états d'esprit, ou plutôt d'états de passion. Et c'est exactement ce qui s'est fait, non seulement en Russie, mais aussi en France, et depuis fort longtemps.

Enfin Weishaupt affirmait que l'emploi des sociétés secrètes était le moyen « unique, indispensable » pour réaliser le but dont il a organisé la préparation. Et c'est à cet emploi que le Pangermanisme a recours.

Il est impossible de ne pas conclure de tout cela que si l'Illuminisme est mort, il a des successeurs qui veulent réaliser ce qu'il a rêvé et qui emploient les moyens qu'il a exposés.

Ils veulent l'exploitation du monde. Ils ont cru pouvoir se l'assurer en 1914. Ayant échoué, ils s'efforcent maintenant d'obtenir par la guerre occulte ce que ne leur a pas donné la guerre par les armes.

La campagne de propagande mondiale basée sur les *Protocols* n'a été qu'un des épisodes de cette guerre occulte.

CINQUIÈME PARTIE

LES ENSEIGNEMENTS A TIRER DES FAITS ET L'INSTINCT DE DÉFENSE FRANÇAISE

CHAPITRE XII

LES ENSEIGNEMENTS

Réalité de la guerre occulte dirigée par certaines nations contre certaines autres. — Expérience qu'ont les chefs pangermanistes dans la guerre occulte. — Cette guerre existe aussi entre les Puissances organisées occultement. Conséquences en ce qui concerne la question juive. — La guerre occulte est une guerre de propagande. Les sociétés secrètes servent à intensifier les effets de cette propagande et à les rendre automatiques et irrésistibles. Conséquences en ce qui concerne la situation de la France vis-à-vis de l'Allemagne.

Le premier des enseignements à tirer de tous les éléments d'étude que nous avons rassemblés, c'est la réalité de la guerre occulte faite par certaines nations à certaines autres.

Le peu que nous avons dit de l'Illuminisme montre le caractère odieux de cette guerre uniquement inspirée de l'esprit de mensonge et de trahison. Non seulement trahison vis-à-vis de l'ennemi ; mais aussi trahison des chefs vis-à-vis de ceux qu'ils n'enrôlent qu'en les trompant.

Nous n'avons rien exagéré. Nous n'avons même donné qu'une faible idée de la réalité. Pour montrer celle-ci telle qu'elle est, nous aurions à mettre le lecteur en face des textes et à lui donner une connaissance complète de ceux-ci. Nous n'en avons pas la possibilité à la fin de ce volume. Ce n'est pas trop d'un autre pour faire comprendre ce qu'est vraiment la guerre occulte, de quel redoutable système d'organisation disposent ceux qui la pratiquent et comment on peut y faire face sans se donner la honte de la pratiquer soi-même.

Il fallait commencer par mettre le fait en évidence. C'était d'autant plus indispensable que le public se refuse à admettre la possibilité de félonies si profondément méditées, si minutieusement organisées.

Il fallait aussi laisser entrevoir comment des êtres intelligents peuvent être convaincus qu'ils travaillent pour un but élevé, alors qu'ils sont embrigadés au service d'ambitions criminelles et d'appétits inavouables.

Il semble que ce soit impossible. Ce le serait, en effet, sans les sociétés secrètes. Par elles, au contraire, les chefs occultes ont toutes facilités, grâce au procédé de superposition, pour tromper ceux à qui ils donnent hypocritement les noms d'initiés, d'associés, de frères. Ils ont toutes facilités, disons-nous ; à une condition pourtant, qui n'est pas à la portée de tout le monde : il faut qu'ils soient assez cyniques pour ne se laisser arrêter par aucun scrupule.

Donc la guerre occulte existe entre nations : nous en avons maintenant la certitude. Mais elle comporte, tout naturellement, un art et une science, comme la guerre par les armes. Nous avons à faire l'effort nécessaire pour acquérir la connaissance de cet art et de cette science. Si nous nous y refusons, nous n'éviterons pas la guerre de revanche dans des conditions qui mettront, une fois de plus, toutes les chances du côté de nos ennemis.

A côté de cette première certitude, en voici une seconde.

Les chefs du Pangermanisme sont experts dans l'art et la science de la guerre occulte.

Nous en avons pour preuve :

Ce qui a été fait en Allemagne par les sociétés secrètes après la défaite prussienne d'Iéna ;

Ce qui a été fait en France par l'intermédiaire de la Franc-Maçonnerie avant les guerres de 1870 et de 1914 ;

Ce qui est fait actuellement en Allemagne et hors d'Allemagne par l'intermédiaire d'une foule de groupements occultes pro-allemands ;

Et enfin le bolchevisme, application pratique des théories, du plan et des méthodes élaborées dans l'Illuminisme.

Nous pourrions ajouter à ces preuves ce qui se passe en France depuis que la Franc-Maçonnerie est redevenue maîtresse du pouvoir. Un vent de haine souffle de nouveau sur notre pays. C'est par là que commence la propagande occulte pour en venir à la prédication de l'humanitarisme, de l'antimilitarisme, de l'antipatriotisme, signe avant-coureur de la guerre par les armes.

Weishaupt a prédit jusqu'à la composition actuelle du Pouvoir occulte allemand.

Voici en effet ce qu'il a écrit :

« Celui qui veut mettre les nations sous le joug n'aura qu'à faire naître des besoins que lui seul puisse satisfaire. Érigez en corps hiérarchique la tribu mercantile, (die Kaufmannschaft), c'est-à-dire donnez-lui quelque rang, quelque autorité dans le gouvernement ; et vous aurez créé avec ce corps la puissance peut-être la plus redoutable, la plus despotique. Vous la verrez faire la loi à l'univers ; et d'elle seule dépendra peut-être l'indépendance d'une partie du monde, l'esclavage de l'autre. Car celui-là est maître, qui peut susciter ou prévoir, étouffer, affaiblir ou satisfaire le besoin. Eh ! qui le pourra mieux que les marchands ? »

Ces paroles prophétiques prennent un sens encore plus profond si la part de pouvoir attribué à « la gent mercantile » est une part de ce Pouvoir occulte, qui, en raison de son invisibilité, est à l'abri des responsabilités. Ce qui est à la tête du Pangermanisme, c'est précisément « la gent mercantile » ; et c'est évidemment à elle que faisait allusion M. André Lefèvre, lorsqu'il disait : « Pouvoir occulte *qui va d'Hugo Stinnes à Ludendorff* ». Qui ne sent que, s'il y a un Pouvoir occulte Allemand, c'est là qu'il est ? Et qui peut douter de l'existence de ce Pouvoir, après que, le régime impérial ayant été brusquement détruit en novembre 1918 et le Kaiser ayant fui, le peuple allemand n'en a pas moins été maintenu sous l'obéissance du

Pangermanisme ? De ce Pangermanisme qui avait préparé par des moyens occultes le coup de force de 1914, qui comptait assurer par ce coup de force son hégémonie mondiale, et qui s'applique maintenant à annihiler, par les mêmes moyens occultes, les conséquences de sa défaite militaire.

Lorsque nous avons exposé en 1909 notre théorie du Pouvoir occulte juif, nous ne l'avons fait qu'en nous appuyant sur des inductions et des déductions qui nous semblaient commandées par les rapports que nous observions entre l'organisation maçonnique et les conditions d'existence du peuple juif. Inductions et déductions : nous n'avions rien autre chose. Les arguments que nous avons fait valoir alors ont conservé toute leur force. Nous pensons toujours que la guerre occulte a dû être pratiquée dans le monde chrétien par les Juifs avant tous autres, pour cette raison bien simple qu'ils n'avaient pas d'autre moyen de se battre, ni pour se défendre ni pour attaquer. Ils peuvent alléguer le cas de nécessité ; et, nous ne devons pas l'oublier, c'est une excuse que n'ont pas les pangermanistes.

Une fois qu'ils eurent introduit ce système dans le monde chrétien, il s'est trouvé au sein de celui-ci des ambitieux qui ont voulu en tirer parti, bien qu'il fût en opposition avec l'esprit de leur religion. Et alors s'établit une rivalité qui, en raison de la nature du système, a eu pour effet de développer à l'extrême les aptitudes à la malhonnêteté, de créer une émulation dans le mensonge, une excitation à la fourberie, un entraînement au cynisme. L'Illuminisme nous montre à quel degré on est arrivé dans cette voie en Allemagne. Et ici, ce n'est plus seulement par inductions et déductions que nous raisonnons. Nous constatons, pièces en mains. C'est en nous appuyant sur une documentation d'une authenticité incontestable que nous parlons de l'existence d'un Pouvoir, d'un État occulte allemand. C'est par l'étude de cette documentation que nous pourrons montrer comment ce Pouvoir, cet État fonctionne, comment il combat, comment il conquiert... et aussi comment on peut le vaincre.

Mais, dira-t-on, l'Illuminisme, c'était il y a un siècle et demi. Il a existé. Il n'existe plus.

Qu'il ait disparu après avoir existé, c'est presque impossible. Lorsque des hommes sont parvenus à édifier une telle organisation, lorsqu'ils ont constitué de telles formations de combat, ils n'y renoncent pas si facilement. Ou, tout au moins, il s'en trouve presque toujours parmi eux qui refusent de renoncer. Sont-ils surpris ? Ils prennent alors leurs précautions pour se mieux cacher. Weishaupt avait des princes souverains allemands parmi ses adeptes. Menacé en Bavière, c'est auprès de l'un d'eux, le prince de Saxe-Gotha, qu'il s'était réfugié. On a la preuve qu'il n'avait pas abandonné pour cela son entreprise puisque, si le procès de 1786 a eu lieu, c'est parce que l'un de ses courriers fut surpris.

Mais, encore une fois, laissons de côté les discussions vaines qui ne peuvent que nous dresser les uns contre les autres et rompre les unions nécessaires. Si l'Illuminisme n'a pas survécu au procès de 1786 ou à son fondateur, il a eu un successeur et un héritier. C'est là une certitude, répétons-le, puisque nous voyons le système pratiqué, puisque les méthodes (propagandes mensongères) et les moyens prescrits par Weishaupt (sociétés secrètes) sont ceux

employés aujourd'hui ; et pour aboutir à quoi ? au
bolchevisme, c'est-à-dire à l'application pratique
des théories exposées dans l'Illuminisme. Quoi d'é-
tonnant d'ailleurs ? Le système correspond si bien
à certains caractères du génie germain !

Il est un troisième enseignement dont nous avons
à tenir compte. La guerre occulte n'est pas seulement dirigée contre certains peuples sans que ceux-
ci le sachent ; elle met actuellement les Puissances
occultes en conflit.

Cette inimitié que nous avons signalée dès 1909,
en nous appuyant sur l'étude de l'organisation maçonnique, se trouve aujourd'hui prouvée par l'affaire des *Protocols*.

Nous avons montré que s'il y a incertitude en ce
qui concerne les auteurs du faux document, il n'y
en a pas pour ce qui regarde les organisateurs et
inspirateurs de la propagande mondiale dont il a
été l'objet. Or contre qui était dirigée cette campagne ? Contre les peuples qu'il s'agissait de tromper, sans doute ; mais aussi contre ce Pouvoir occulte juif que les *Protocols* présentaient comme
ayant préparé, organisé et rendu inévitables la
guerre mondiale et le bolchevisme. Certes, c'était
bien là un acte de guerre contre lui ; et il est infiniment probable que les chefs pangermanistes ne s'y
seraient pas laissé entraîner s'ils avaient eu pour
alliée, durant la Grande Guerre, cette Puissance
occulte juive dénoncée par eux avec tant d'acharnement.

Remarquons qu'en même temps que les *Protocols*

ont été jetés dans tous les pays par la propagande allemande, l'ex-Kaiser a insinué plusieurs fois que les malheurs de l'Allemagne étaient dus à des causes occultes. Il s'en est pris à « la Franc-Maçonnerie universelle », instrument des Juifs, disait-il, et instigatrice de la coalition de toutes les nations contre le peuple allemand.

D'autre part, Ludendorff a écrit dans son récent ouvrage : *Conduite de la guerre et Politique* [1] que « la Haute Direction du peuple juif travaillait la main dans la main avec la France et l'Angleterre ». Et il a ajouté cette note insidieuse :

« La question de savoir comment est organisée la haute direction du peuple juif si dispersé, n'a pas encore été tirée au clair pour les autres peuples. M. Walter Rathenau écrivait dans la *Neue Freie Press* du 25 décembre 1919 : « Trois cents hommes, se connaissant mutuellement, dirigent les destins économiques du continent et recherchent des successeurs dans leur entourage. Les causes singulières de ce phénomène singulier qui jettent une lueur dans les ténèbres du développement social futur, ne seront pas examinées ici. »

Ludendorff a d'ailleurs imité Rathenau. Il a négligé l'examen des « causes singulières de ce phénomène singulier » qui lui paraissent « jeter une lueur dans les ténèbres du développement social futur ». Pourquoi ? C'est parce qu'il sait que cet examen risquerait de démasquer, par contre-coup, non seulement le Pouvoir occulte pangermaniste, mais aussi les procédés de guerre par trahison qui demeureront sa honte éternelle et qui sont cause, en

---

1. Traduit en français par le capitaine breveté L. Koeltz, chez Berger-Levrault, Paris.

définitive, de l'abaissement du peuple allemand, des désastres qu'il a subis, des ruines dont le monde peut à peine se relever et aussi de l'immoralité et de l'esprit de haine qui sont répandus systématiquement partout.

Il se trouve donc qu'en la circonstance créée par la manœuvre allemande que constitue l'affaire des *Protocols*, l'intérêt juif se trouve opposé à l'intérêt pangermaniste, tout comme celui du monde entier que cette manœuvre était destinée à tromper.

C'est là un fait positif et précis qui nous oblige à une révision des données de la question juive.

Ces données se trouvaient déjà modifiées depuis un certain nombre d'années par suite du progrès des sciences et du développement formidable des moyens de communication qui en est la conséquence.

Sans qu'on y ait pris garde, les Juifs ont cessé d'être seuls à posséder certains privilèges qui leur avaient appartenu durant des siècles, en raison de leur situation exceptionnelle et de leur aptitude à en tirer parti.

Par exemple, ils étaient l'unique nation qui fût partout à la fois. Avec les chemins de fer, les navires à vapeur, les avions, le téléphone et la télégraphie sans fil, l'Allemagne, l'Angleterre sont présentes partout, elles aussi. Et bien d'autres comme elles. C'est là un changement qui entraîne beaucoup de conséquences.

Précisément parce qu'ils possédaient, seuls, cet avantage d'être partout, les Juifs étaient parvenus à monopoliser le commerce de banque et ils présidaient par là à la circulation de la richesse dans les conditions les plus avantageuses pour eux. Ils ont cessé de gouverner librement dans ce domaine. Une nouvelle puissance est née, la puissance industrielle, créatrice de richesse, et participant en même temps à la réglementation de la circulation. Or l'Allemagne était, dès avant la guerre, au premier rang parmi les peuples outillés industriellement. Elle a encore augmenté sa prépondérance par les destructions systématiques auxquelles elle s'est livrée chez ses rivaux. D'où une situation dangereuse dont il y a lieu de se préoccuper. L'inquiétude qu'elle éveille se trouvait exprimée dans la *Dépêche de Toulouse* du 24 juin 1924, sous la signature de M. Ajam.

« L'observation des faits sociaux démontre l'existence d'une petite classe d'hommes qu'on peut dénommer supercapitalistes et qui, agissant dans le mystère, sont les véritables obstacles à une paix juste, durable et réparatrice. L'influence de ces hommes est devenue suprême et décisive en raison de l'énormité des capitaux qu'ils contrôlent. Ils sont un grand péril et la cause la plus agissante du chaos actuel. *On ne saurait trop insister sur ce fait que les financiers cosmopolites sont en majorité d'origine allemande.* »

Autre raison importante de changement dans la situation de la nation juive. On pouvait croire les Juifs seuls initiés à la science de la guerre occulte et à l'art de faire manœuvrer des sociétés secrètes comme on fait manœuvrer des armées. Or nous avons la preuve, par l'Illuminisme trop peu étudié jusqu'ici, que certains Allemands connaissent et pratiquent cet art et cette science.

C'est ce qui explique le rétablissement prussien, si rapide, après Iéna, l'emploi fait de la Franc-Maçonnerie française avant les guerres de 1870 et de

1914, ainsi que l'effort occulte pangermaniste actuel.

Enfin, les Juifs étaient parvenus à s'assurer un privilège suprême que, semblait-il, personne ne devait jamais être en état de leur disputer : ils pouvaient acquérir toutes les nationalités et ils ne perdaient pas la leur. Les pangermanistes n'ont pas voulu leur laisser ce monopole. Ils ont imaginé leur loi Delbruck qui les met à égalité sur ce terrain.

A tout cela, il faut ajouter qu'à côté de leur organisation en vue de la guerre occulte, les chefs du Pangermanisme disposaient, avant 1914, d'une organisation militaire avec laquelle nulle autre ne pouvait rivaliser. C'était là une supériorité formidable sur les Juifs. Ils travaillent sans relâche à la reconstitution de cette organisation. Ils y emploient un grand nombre de leurs sociétés secrètes, tandis que les alliés sont désunis. Et c'est le moment qu'on choisit pour essayer de nous distraire du danger pangermaniste, presque aussi imminent aujourd'hui qu'en 1914 !

Nous pensons que s'hypnotiser sur le péril juif alors qu'une telle situation existe, ne considérer que les Juifs comme aspirant à la domination du monde, c'est travailler pour le Pangermanisme, comme travaillaient pour ce même Pangermanisme les F∴ F∴ Le Foyer, Hubbard et Moch, lorsqu'ils invitaient les Parisiens, le 24 juillet 1914, à s'occuper de la préparation et de l'organisation du désarmement.

*
* *

Nous avons à ne pas négliger un dernier enseignement : la guerre occulte se fait par propagande mensongère et c'est surtout pour cette propagande que sont employées les sociétés secrètes. Elles en multiplient les effets, comme les appareils industriels multiplient les effets du travail humain ; et elles rendent en même temps ces effets automatiques et presque irrésistibles.

Le lecteur a pu se convaincre par nos exposés que la propagande faite par l'intermédiaire des sociétés secrètes tend à créer des états de passion propres à aveugler ou à paralyser ceux que les chefs occultes se proposent d'attaquer par la force. Qui ne comprend qu'une pareille besogne peut être accomplie bien plus facilement dans l'ombre du secret qu'au grand jour ?

Rien que l'atmosphère régnant dans les milieux où ne circulent que des êtres liés par un serment est propre à engendrer le fanatisme. Mais il y a bien mieux que l'atmosphère, lorsque l'organisation étant portée au point où nous la voyons dans l'Illuminisme et dans la Franc-Maçonnerie, les initiateurs disposent de sociétés superposées. Alors chacune de ces sociétés peut servir à créer des états progressifs de passion gradués de telle sorte que les suggestions entrent d'elles-mêmes dans les esprits, comme l'eau coule sur une surface en pente.

C'est à quoi Weishaupt s'était particulièrement attaché. Nous pouvons nous en rendre compte par le détail suivant.

Il avait voulu que son système d'éducation tendant à la destruction de toutes les autorités existantes fût appuyé sur des sophismes d'ordre philosophique et même religieux. Dans ce but, il avait imaginé, parmi les grades de l'Illuminisme, celui de « Prêtre ou Epopte ». Après qu'il eût composé et expérimenté le discours qui devait être adressé à l'adepte reçu à ce grade, il écrivait à l'un de ses collaborateurs les plus intimes :

« Vous ne sauriez croire quelle admiration mon grade de Prêtre produit sur notre monde. Ce qu'il y a de plus singulier, c'est que de grands théologiens protestants et réformés, qui sont membres de notre Illuminisme, croient réellement que la partie relative à la Religion dans ce discours, renferme le véritable esprit, le vrai sens du Christianisme. O hommes ! Que ne pourrais-je vous faire croire ? Franchement, je n'aurais pas imaginé devenir fondateur de religion. »

Les passages suivants de ce même discours nous laissent voir l'importance que Weishaupt attachait à l'utilisation des sociétés secrètes pour la réalisation de son œuvre de destruction.

« Sais-tu, disait l'initiateur à l'initié, sais-tu ce que c'est que les sociétés secrètes ; quelle place elles tiennent et quel rôle elles jouent dans les événement de ce monde ? Les prends-tu pour des apparitions insignifiantes et passagères ? O Frère ! Dieu et la Nature, disposant chaque chose pour le temps et les lieux convenables, ont leur but admirable ; et ils se servent de ces sociétés secrètes *comme d'un moyen* UNIQUE, INDISPENSABLE, pour nous y conduire. » ... « Ces sociétés mystérieuses, *quand même elles ne marcheraient pas à notre but, nous préparent les voies.* »

.. « Elles enlèvent à l'Église et à l'État les meilleures têtes et les plus laborieuses; elles rapprochent des hommes qui, sans elles peut-être, ne se seraient jamais connus. Par cela seul, *elles minent, sapent les fondements des États, quand même elles n'en auraient pas le projet.* »

... « Elles font connaître aux hommes la puissance des forces réunies, elles leur dévoilent les imperfections de leurs constitutions, sans nous exposer aux soupçons de nos ennemis, tels que les Magistrats et les Gouvernements publics. »

... *« Elles masquent notre marche. »*

... *« Elles nous donnent la facilité de recevoir dans notre sein, d'incorporer à nos projets, après l'épreuve convenable, les meilleurs sujets. Par là, elles affaiblissent l'ennemi ; quand même elles n'en triompheraient pas, au moins diminuent-elles le nombre et le zèle de ses défenseurs. »*

... *« A mesure que ces nouvelles associations, c'est-à-dire ces sociétés secrètes, formées dans les États, augmentent en force et en prudence, aux dépens de l'ancienne, c'est-à-dire aux dépens de la société civile, celle-ci s'affaiblit et doit insensiblement tomber. »*

... « Tous les efforts des Princes pour empêcher nos progrès seront donc pleinement inutiles. Cette étincelle peut longtemps encore couver sous la cendre ; mais certainement le jour de l'incendie arrivera... La semence est jetée d'où doit sortir un nouveau monde ; ses racines s'étendent ; elles sont déjà trop fortifiées, trop propagées, pour que le temps des fruits n'arrive pas. Peut-être faudra-t-il encore attendre des mille et des mille ans ; mais tôt ou tard, la nature consommera son œuvre ; elle rendra au genre humain cette dignité qui fut sa destinée dès le commencement. »

Cette dignité, cette destinée, nous savons où Weishaupt la mettait : dans la suppression de toute autorité autre que celle de l'Aréopage Illuminé.

Sans doute, il fallait du temps pour réaliser cette

suppression. Mais, en attendant, les douze aréopagites et leur général qui gouvernaient souverainement à l'intérieur de l'Ordre, ne jouissaient-ils pas d'une foule d'avantages matériels et de satisfactions d'ambition auxquels n'aurait jamais pu prétendre un simple professeur de droit à l'Université d'Ingolstadt ?

Question d'orgueil. Question d'ambition. Question d'appétits. Et cela explique tout. Mais orgueil, ambition, appétits de gens qui doivent dissimuler, parce qu'ils ne disposent pas des moyens de force et de violence par lesquels les guerriers imposent leur volonté. C'est pourquoi les sociétés secrètes sont, selon l'expression de Weishaupt, le moyen unique, indispensable.

A la place du professeur d'Ingolstadt, mettez les industriels et financiers, « la gent mercantile » dont il prévoyait la venue ; admettez que ces industriels et financiers allemands aient médité les enseignements qu'il leur a préparés ; — et comment n'être pas convaincu qu'ils l'ont fait, alors qu'ils appliquent si bien ses théories ? — rendez-vous compte qu'ils ont dû être naturellement amenés à s'allier aux généraux qui disposent des moyens de force brutale par lesquels peuvent être obtenues les « décisions » ; et vous comprendrez cette « conjuration des forces mauvaises et occultes déchaînées contre la France » que dénonçait M. Georges Leygues en 1919 ; et vous aurez ce « Pouvoir occulte, allant de Stinnes à Ludendorff » dont parlait M. André Lefèvre en 1922 ; et vous aboutirez à cette conclusion imposée par la logique des faits :

L'Allemagne gouvernée par une société secrète, comme la France ; mais par une société secrète supérieure, héritière de l'Illuminisme et âme du Pangermanisme ; capable de se subordonner les organismes secrets inférieurs comme la Franc-Maçonnerie ; se servant d'eux pour répandre chez les autres peuples les propagandes aveuglantes, démoralisantes, paralysantes, par lesquelles est caractérisée la guerre occulte, — guerre annonciàtrice de la guerre par les armes, comme les émissions de vapeurs asphyxiantes étaient annonciatrices des offensives lancées contre nos tranchées.

CHAPITRE XIII

L'INSTINCT DE DÉFENSE FRANÇAISE

La défiance générale éveillée contre les sociétés secrètes, même chez ceux qui adhèrent à l'une ou à l'autre d'entre elles. L'ex-Kaiser et Ludendorff. Le Président Harding contre le Ku-Klux-Klan. — En France, les effets de la guerre par propagande mensongère sont constatés par des écrivains étrangers à la question des sociétés secrètes. Impressionnantes constatations de M. André Chéradame dans son ouvrage : *La mystification des peuples alliés.* — La guerre par propagande dénoncée à la Chambre des Députés. Rapport de M. de Castellane. — Même question soumise au Sénat. Rapport et discours de M. Henry de Jouvenel. Mesures proposées et acquiescement du Président du Conseil.

Heureusement, bien que la question des sociétés secrètes soit encore totalement inconnue, un sentiment de défiance se manifeste enfin partout contre ces institutions.

Le 7 juin 1923, *Le Temps* publiait une information dans laquelle il était dit que le Président Harding venait de donner l'appui de sa parole à la campagne entreprise par plusieurs gouvernements d'États contre l'organisation secrète du Ku-Klux-Klan. *Le Temps* observait que M. Harding était franc-maçon, mais qu'il faisait une différence entre la Franc-Maçonnerie et le Ku-Klux-Klan, et qu'il s'en était expliqué dans un discours de la manière suivante : « L'une est une organisation fraternelle secrète, l'autre une conspiration secrète, ce qui n'est pas la même chose. » Et *Le Temps* ajoutait : « Le Président Harding a voulu, assure-t-on, montrer par ces paroles qu'il condamnait vivement les menées occultes du Ku-Klux-Klan qui, dimanche dernier encore, à New-Jersey, rassemblait un grand nombre de ses adhérents et votait une motion en faveur du maintien des sociétés secrètes de l' « Empire invisible ».

Nos lecteurs savent maintenant quelles réserves il y a lieu de faire au sujet du jugement porté par le feu Président de la grande République américaine sur la Franc-Maçonnerie. Il est donc inutile d'y insister.

Toutefois, une remarque s'impose. Comme francmaçon, M. Harding faisait partie de l'une des sociétés secrètes qui sont réunies sous l'étiquette maçonnique. Il savait ce qui se dit et se fait dans celle-là et dans celles qui lui sont inférieures. Mais il ignorait ce qui se passe dans les autres. Alors comment osait-il émettre une affirmation à leur sujet ? C'était au moins manque de circonspection. M. Harding, sans doute, avait confiance en elles. Mais sa confiance ne prouvait rien. Il croyait discerner une « conspiration secrète » dans le Ku-Klux-Klan. Quelle preuve avait-il que l'organisation des groupes maçonniques superposés ne dissimule pas, elle aussi, une « conspiration secrète », et plus dangereuse que celle du Ku-Klux-Klan, parce qu'elle est assez habilement conçue et patiemment conduite pour que les soi-disant initiés ne s'en aperçoivent pas ? Nous avons constaté que les francs-maçons français ont été constamment trompés dans la Franc-Maçonnerie depuis deux siècles. Pourquoi les francs-maçons américains ne pourraient-ils pas l'être tout aussi bien ? Sur cette question, les Américains n'en savent pas plus que les Français. Nous avons personnellement causé avec un assez grand nombre des plus notables d'entre eux pendant la guerre, pour pouvoir affirmer qu'il en savent même beaucoup moins. Ils sont donc beaucoup plus exposés à se tromper. Aussi voit-on se développer chez eux des sociétés secrètes conservatrices et catholiques extrêmement puissantes, comme les *Chevaliers de Colomb*, qui disposent de ressources considérables et qui sont aussi bien vues par le clergé catholique américain que l'était la Franc-Maçonnerie française du xviiie siècle par le clergé français.

Le clergé catholique français du xviiie siècle se trompait sur la Franc-Maçonnerie d'alors. Le clergé catholique américain se trompe de la même manière sur les *Chevaliers de Colomb*. Ce n'est pas qu'il y ait lieu de suspecter les membres actuels de cette association. C'est le principe d'organisation, le secret, auquel on ne peut pas, auquel on ne doit pas faire confiance, lorsqu'il s'agit d'associations de propagande comme la Franc-Maçonnerie et les *Chevaliers de Colomb*, parce que ce principe est tout à l'avantage des fourbes. En raison de ce principe, les adversaires du Catholicisme — ou des États-Unis — se glisseront, quand ils voudront, parmi les *Chevaliers de Colomb*, et ils en deviendront les maîtres.

Trop confiant vis-à-vis de la Franc-Maçonnerie, le Président Harding n'en manifestait pas moins sa dé-

fiance contre un autre groupement occulte. Et c'est
là pour nous le point intéressant, parce qu'on ne
peut s'attaquer à une société secrète quelconque
sans ébranler plus ou moins tout le système. Or de
telles attaques se produisent aujourd'hui partout, et
beaucoup émanent d'hommes eux-mêmes engagés
dans des organisations occultes. Les exemples abon-
dent. C'est le F ∴ Quartier-la-Tente, ancien Grand-
Maître dans la Franc-Maçonnerie suisse, qui vouait,
au début de la guerre, les francs-maçons allemands
à l'exécration de la Franc-Maçonnerie universelle.
C'est l'ex-Kaiser Guillaume, qui, au contraire, a dénoncé cette Franc-Maçonnerie universelle comme
responsable de la guerre contre l'Allemagne. C'est
Ludendorff qui a lancé ses insinuations contre le
Pouvoir occulte juif. Ce sont les Chefs du Pangermanisme qui ont organisé, à coups de millions,
contre ce même Pouvoir occulte juif, la campagne de
propagande mondiale basée sur les *Protocols*. C'est
le Président franc-maçon Harding qui a pris position, un mois avant sa mort, contre le Ku-Klux-
Klan. C'est le gouverneur de la province d'Oklahoma, qui a annoncé la mobilisation contre ce
même Ku-Klux-Klan d'une armée de cent mille
hommes... Une armée de cent mille hommes contre
une de ces organisations secrètes qu'on regardait
comme ridicule de prendre au sérieux, il y a quelques années à peine !

Nous avons aussi relaté la dépêche du *Matin* du
21 janvier 1925 signalant un discours prononcé
quelques jours auparavant par Lord Reading, en
présence du duc de Connaught ; discours dans lequel le vice-roi affirmait le grave danger résultant
pour l'Angleterre de l'existence aux Indes de sociétés

secrètes à ramifications innombrables. Et cependant
l'Angleterre est le lieu d'origine de la Franc-Maçonnerie répandue partout par des propagandistes anglais.

Nous avons vu qu'en Italie, au Congrès socialiste
d'Ancône du mois d'avril 1914, une majorité formidable, dont la proportion était de plus de quinze
voix contre une, excommuniait la Franc-Maçonnerie comme société secrète. Il est également question dans ce pays d'une loi contre la même Franc-
Maçonnerie.

Et en France, où les francs-maçons gouvernent
la République, que fait-on ?

En France, nous avons noté dans l'un de nos premiers chapitres que des francs-maçons autrefois
zélés figuraient parmi les dénonciateurs de sociétés
secrètes travaillant pour l'Allemagne, et que des
journaux républicains apportent fréquemment de
nouveaux renseignements sur cette question. Nous
pourrions ajouter que, parmi les feuilletons publiés
depuis quelques années, nombreux sont ceux dans
lesquels intervient quelque société secrète. On croi-
rait qu'une volonté attentive se préoccupe d'accou-
tumer l'esprit public à la pensée de ce genre d'institutions. Si cette volonté attentive n'existe pas,
c'est l'imagination des romanciers qui devine qu'il
y a là un sujet intéressant à étudier.

Ce n'est pas tout. Des écrivains qui se sont spécia-
lisés dans l'étude de la politique internationale sont
amenés à observer, depuis le commencement de la
guerre, une action exercée incessamment contre la

France par une propagande qui part d'Allemagne, qui pénètre chez nous et qui s'étend dans le monde entier. C'est là un véritable système de guerre.

Ces écrivains sont tout autre chose que des spécialistes de la question maçonnique. Comme ils se piquent de positivisme, ils ont même refusé jusqu'ici d'admettre l'existence de Pouvoirs, ou d'États constitués occultement, parce qu'ils n'ont pas de preuves matérielles de cette existence et parce qu'ils se font une règle de ne tenir compte que de ce qu'ils peuvent toucher du doigt. Ils dédaignent généralement d'employer l'expression : société secrète. Ils croient à peine à l'existence de cette sorte d'institutions et ils raillent volontiers ceux qui en parlent. Les voici pourtant obligés de constater l'effet produit : la propagande, en attendant qu'on puisse leur expliquer le fonctionnement des sociétés secrètes, c'est-à-dire des organismes qui servent à le produire et à l'intensifier.

La propagande antifrançaise dont ils nous parlent est faite, disent-ils, par des agents extrêmement nombreux, dont beaucoup ne se cachent pas et qui semblent ne pas avoir de rapports les uns avec les autres. Et cela donnerait à penser qu'il n'y a aucune machination occulte derrière leur action.

Pourtant, leurs efforts sont parfaitement coordonnés en vue du but à atteindre. Et cela suppose, tout au moins, une intelligence directrice aidée par une organisation appropriée. Dans l'hypothèse de l'existence de cette organisation, il y aurait certainement avantage à s'opposer directement à son fonctionnement plutôt que d'attendre la production de ses effets pour y remédier. Mais, précisément parce qu'elle n'est pas visible, les observateurs dont nous parlons se font une loi de ne pas s'en occuper. D'ailleurs à peine croient-ils à la possibilité de son existence. En même temps, ils se demandent si cette production des faits qu'ils constatent nécessite vraiment l'existence d'organismes secrets. La réponse à cette question leur paraît incertaine et c'est assez, leur semble-t-il, pour qu'ils n'aient pas à s'y arrêter.

Nous sommes bien loin de les critiquer. La nature veut qu'il y ait des esprits diversement doués ; les uns, intéressés par les faits, étudient leurs modalités ; les autres s'appliquent à la recherche des causes, lorsqu'elles ne sont pas apparentes. Lorsque les constatations des premiers viennent corroborer les hypothèses, les inductions et les déductions des seconds, elles apportent une force immense à celles-ci.

C'est précisément ce qui arrive à propos de la question des sociétés secrètes.

Nous avons été amené, en concentrant nos recherches sur l'une de ces institutions, la Franc-Maçonnerie, à constater que son organisation a été conçue en vue d'offensives d'ordre intellectuel et qu'elle aboutit à une action par propagande. Nous avons en outre observé et signalé que l'une des sociétés secrètes directrices, l'un des Pouvoirs occultes est allemand. Et, d'autre part, les esprits positifs qui s'en tiennent à l'étude des faits constatent, de leur côté, qu'effectivement une guerre par propagande incessante et d'une violence inouïe est pratiquée contre la France, et qu'elle l'est par l'Allemagne. Alors ils sont loin de nous contredire.

Écoutons l'un des plus autorisés d'entre eux.

Personne n'a expliqué plus clairement que M. André Chéradame la conception qu'ont les Pangermanistes de la propagande employée comme moyen de combat, et personne n'a constaté avec plus de précision que lui l'usage qu'ils en font. Cet écrivain, qui s'est acquis une renommée mondiale par ses voyages et par ses études toujours remarquablement documentées sur la politique internationale, a publié récemment un important ouvrage sur ce qu'il appelle *la mystification des peuples alliés*. Il y a accumulé des renseignements de premier ordre et l'on peut dire que son livre devrait être lu et étudié par quiconque veut se faire une opinion exacte du danger de la situation dans laquelle se trouvent actuellement la France et le monde vis-à-vis de l'Allemagne.

Voici ce qu'écrit M. André Chéradame :

« Les Allemands ont maintenant de la propagande l'idée fondamentale suivante : l'expérience de la guerre a démontré que X tonnes de projectiles d'artillerie, bien tirés, déterminent dans un temps X une destruction X ; de même l'expérience démontre que X tonnes de papier imprimé, rédigé avec une habileté suffisante et répandu avec l'intensité voulue et sous les camouflages nécessaires, déterminent chez l'adversaire un détraquement de son jugement qui dure un temps suffisant pour qu'on puisse profiter de sa défaillance et en tirer un gigantesque parti.

« Une expérience progressive a donné aux Allemands cette conviction : un mensonge répété cent fois ne réussit pas à déformer la vérité, mais si ce même mensonge est répété très vite un million de fois, l'adversaire prend ce mensonge pour la vérité pendant un certain temps. Durant cette période, l'adversaire est, en quelque sorte hypnotisé, impuissant à se défendre avec son bon sens naturel. Il subit alors les suggestions les plus absurdes, les plus contraires à ses intérêts et aux réalités [1]. »

Dans un paragraphe intitulé : *Mécanisme de la propagande allemande : la création des atmosphères psychologiques*, M. Chéradame a encore écrit :

« Pour amener l'adversaire à accepter un point de vue contraire à ses intérêts, la propagande doit, au préalable, créer l'atmosphère factice qui déterminera chez l'adversaire l'aberration suffisante pour qu'il se laisse duper. Les mystifications allemandes réussissent, en effet, seulement grâce à l'atmosphère toxique que la propagande boche sait créer au moment opportun.

« En somme, la propagande réalise, dans le domaine intellectuel, une opération comparable à celle que les Allemands ont imaginée dans le domaine matériel, avec les gaz asphyxiants. L'émission de ceux-ci a pour objet à la fois d'immobiliser et de réduire à l'impuissance l'adversaire afin que l'attaque militaire allemande puisse ensuite se déclancher avec un succès presque assuré. De même, la création d'une atmosphère d'idées fausses par la propagande allemande chez les peuples alliés a pour objet de déterminer chez eux une intoxication de l'esprit sans laquelle il serait absolument impossible de leur faire accepter des conceptions saugrenues, manifestement contraires à leurs intérêts les plus certains, comme celles qu'on leur a fait accepter depuis l'armistice.

1. *La Mystification des peuples alliés*, par ANDRÉ CHÉRADAME.

« ... Les manœuvres boches sont maintenant tellement développées qu'il est possible de discerner les idées toxiques magistrales lancées artificiellement par les Allemands chez les alliés, pendant la guerre et depuis l'armistice afin, en créant l'atmosphère favorable, d'assurer le succès de ces manœuvres.

« On peut même dresser le tableau de ces idées asphyxiantes essentielles, en discernant leurs années d'émission, en montrant leur enchaînement logique et en constatant l'énorme résultat matériel que chacune d'elles a permis aux dirigeants pangermanistes d'obtenir. »

Et M. Chéradame expose une série de ces « idées asphyxiantes », et il montre les résultats que les pangermanistes en ont tirés.

Citons-en quelques-uns.

« 1915-1918. — Il faut faire une paix de conciliation sans annexions ni indemnités.

« 1918-1919. — Il ne faut pas désarmer l'Allemagne afin de lui permettre de résister au bolchevisme.

« 1919-1920. — L'Allemagne est dans l'impossibilité de réparer tout ce qu'elle a détruit. Il serait raisonnable, dans l'intérêt de la restauration rapide de la paix, de demander à l'Allemagne seulement ce qu'elle peut actuellement payer.

« 1920-1921. — L'intérêt général de la paix exige que la restauration de l'Europe soit considérée dans son ensemble sans distinguer étroitement les vainqueurs et les vaincus.

« 1921. — L'Allemagne n'est pas seule responsable de la guerre.

« 1921. — La France est militariste et impérialiste.

« 1921. — L'Allemagne ayant désarmé, toutes les autres puissances doivent désarmer.

« 1921. — Afin que l'apaisement se fasse plus vite, l'Allemagne doit être admise dans la Société des Nations. »

Ces idées ont, en effet, toutes été répandues dans le monde. Et c'était toujours à l'heure opportune pour le gouvernement allemand. Celui-ci pouvait ainsi, le moment venu, s'appuyer sur l'état d'esprit créé en certains milieux, grâce à la propagande préparatoire. La campagne relative aux *Protocols*, sur laquelle nous nous sommes longuement étendu, peut être considérée comme la plus importante application, dans les milieux antisémites et conservateurs, de la tactique si bien décrite par l'auteur de *La Mystification des peuples alliés*. C'est par tonnes, en effet, qu'a été jeté sur le monde le « papier imprimé » destiné à déterminer un détraquement du jugement universel qui devait permettre aux pangermanistes de se soustraire à leurs responsabilités et d'éviter les conséquences de leur défaite militaire. Comme nous l'avons dit, une fois établie dans les esprits l'idée que les Juifs ont voulu, prémédité, préparé, rendu inévitables la guerre et le bolchevisme, ne doit-on pas conclure à l'iniquité de toute réclamation vis-à-vis de l'Allemagne, victime du complot juif comme tous les autres peuples ?

Il résulte des citations ci-dessus que, pour l'auteur de *La Mystification des peuples alliés*, la propagande exercée d'une certaine manière est un véritable procédé de guerre, étudié scientifiquement et employé méthodiquement par les Allemands, depuis l'armistice, et même bien avant.

Or, le lecteur se le rappelle sans doute, la « création des atmosphères psychologiques » qu'expose M. Chéradame est précisément le procédé que nous avons vu constamment employé dans les loges maçonniques à l'égard des francs-maçons français de tous les temps. Nous avons remarqué, en effet, que si ces derniers ont tous été « trompés et trahis », les uns après les autres, c'était toujours par suite de l'introduction préalable dans leur esprit d'une idée par et pour laquelle on les fanatisait.

De sorte que, pour peindre avec la plus rigoureuse exactitude le genre de travail qui a été accompli en France par l'intermédiaire de la Franc-Maçonnerie, depuis cent quarante ans, nous n'aurions qu'à employer les expressions mêmes dont s'est servi M. Chéradame.

Toujours ont été créées dans les loges « les atmosphères psychologiques factices » devant déterminer chez les francs-maçons français « l'aberration suffisante pour qu'ils se laissent duper. » Toujours y a été réalisée « l'intoxication de l'esprit sans laquelle il eût été absolument impossible de leur faire accepter des conceptions saugrenues, manifestement contraires à leurs intérêts les plus certains ».

A l'appui de nos constatations personnelles nous avons cité le témoignage du F∴ Papus.

Ce que l'auteur de *La Mystification des peuples alliés* observe dans le monde profane n'est donc que l'application de la méthode d'abord employée dans les loges. C'est la continuation, l'achèvement de ce qui était commencé depuis fort longtemps dans le monde maçonnique français.

Avec une certaine différence toutefois. Et ceci nous oblige à rectifier le sens de l'une des expressions employées par M. Chéradame.

L'auteur de *La Mystification des peuples alliés* se sert du mot « mécanisme » pour désigner la succession d'opérations à laquelle il nous fait assister. C'est d'un procédé, d'une méthode qu'il s'agit ; ce n'est pas d'un mécanisme. Si nous relevons l'erreur, c'est que le mot mécanisme doit être réservé pour ce qui existe dans la Franc-Maçonnerie. Là se trouve, en effet, un véritable mécanisme. Il est constitué par l'organisation qui établit la superposition des sociétés secrètes dominées les unes par les autres, à l'insu de leurs membres. Nous avions aperçu cette superposition dès 1908 ; mais, comme nous l'avons dit, nous n'y avions pas discerné le « mécanisme » d'où peut résulter la subordination inconsciente. Ce mécanisme est le secret suprême que la Grande Guerre devait nous faire découvrir et que nous aurons à exposer dans un autre livre. C'est lui qui caractérise d'une façon tout à fait spéciale l'action exercée par la Franc-Maçonnerie et par les autres sociétés secrètes du même type. Il multiplie, dans l'ordre social, les effets de la méthode décrite par M. Chéradame, de même que, dans l'ordre industriel, un instrument à vapeur multiplie l'effet que produisait jadis un ouvrier. C'est à cause de cette multiplication que nous devons prendre garde de ne pas confondre le mécanisme qui la produit avec les gestes de ceux qui le font jouer.

Les Allemands déversent sur le monde les mensonges par tonnes, nous dit M. Chéradame. Et c'est vrai. Mais ce déversement leur est singulièrement facilité par le mécanisme dont nous parlons ; mécanisme qui permet de sélectionner les propagateurs, de les façonner, de les multiplier, de les entretenir toujours prêts à la manœuvre et de coordonner leurs efforts dans l'espace et le temps. C'est grâce à ce mécanisme que le Pangermanisme est en état de soutenir sa lutte mondiale par propagande mensongère. Affaire de « science politique », dit M. Chéradame. En réalité, ces mots, « science politique » n'expliquent pas les tonnes de mensonges déversées contre un peuple avec lequel on a signé un traité de paix. « Science de guerre » serait beaucoup plus exact ; mais non plus science militaire ; science de guerre d'une autre espèce, dont l'auteur de *La Mystification des peuples alliés* précise les procédés et les méthodes avec une lumineuse clarté, mais qui comporte un outillage dont il ne parle pas et dont, il faut bien le dire, le fonctionnement n'a jamais été expliqué jusqu'ici.

Un grand nombre de sénateurs et de députés constatent, comme M. Chéradame, les effets de cette guerre par la propagande que l'Allemagne entretient partout contre nous, et ils s'en inquiètent. Ainsi en était-il tout au moins dans l'ancienne Chambre, et ainsi en est-il encore au Sénat.

Le 22 mars 1922, *Le Matin* publiait en tête de ses colonnes, un article du comte de Castellane, député du Cantal, membre de la Commission des Affaires Étrangères à la Chambre. On y lisait ce qui suit :

« Le Parlement se préoccupe avec raison de cette question (la propagande faite dans le monde entier contre la France) et la Commission des Affaires Étrangères nous a chargé de présenter un rapport sur la nécessité et les modalités de réorganisation de notre service d'information et de propagande. Il est urgent, en effet, de propager les directives du gouvernement et de rétablir dans sa droiture et sa vérité la pensée de la France; il faut prendre dans l'avenir, à l'échange des opinions et à la bataille des idées, une part digne de notre passé. Les pourparlers européens qui s'annoncent l'exigent pour notre intérêt et notre dignité. »

Le député du Cantal citait ensuite certains faits caractéristiques qui montrent l'intensité, la persévérance et l'étendue de l'offensive engagée contre nous sur ce terrain. Ils sont aussi une preuve de la perversité de la méthode résumée par M. Chéradame.

M. de Castellane écrivait :

« Lors de la Conférence de Washington, par exemple, l'extrait tronqué d'un article écrit deux ans auparavant par un officier français a servi à faire croire au monde que la France nourrissait le noir dessein de contester à l'Angleterre la maîtrise des mers.

« La transmission plus ou moins claire par un journaliste d'un propos plus ou moins authentique attribué au chef de la délégation française a été considérée par le peuple italien comme une offense.

« Et par un choc en retour de ces campagnes contagieuses menées contre la France, le peuple américain, qui nous a donné tant de preuves d'amitié, nous réclame aujourd'hui nos dettes d'une façon inattendue et sur un mode inusité.

« ... Pour mesurer les difficultés et les complications qui découlent de cette situation, il suffirait de comparer l'atmosphère internationale du printemps de 1919, au moment de la signature du traité de Versailles, avec l'état des esprits en Europe et aux États-Unis, au printemps de 1922.

« Un fait récent permet d'apprécier le déplacement des idées et des sentiments depuis trois ans ; c'est la remise en question par l'Allemagne de la responsabilité des origines de la guerre. Cet appel d'un jugement universellement ratifié, possible aujourd'hui, était inconcevable hier ; il ne changera rien au fond de l'affaire, mais une inertie passive et aveugle de notre part finirait par desservir une paix basée sur la notion de justice et de réparation du dommage causé par l'agresseur.

« Trois ans après l'acclamation universelle dont elle fut l'objet, la France se trouve aujourd'hui devant un système de calomnies intéressées, d'interprétations erronées de ses actes, de ses gestes, de ses paroles, qui tendent à la frustrer du bénéfice moral et politique que la victoire comporte. »

Nous avons encore là une très claire et très précise constatation des effets produits. Mais le mécanisme producteur est toujours laissé de côté.

Pourtant, M. de Castellane, après avoir montré le mal, cherchait les remèdes. La découverte et l'application de ces remèdes lui paraissent être une affaire gouvernementale.

Voici comment il envisageait la situation.

« Mettre l'opinion, reine du monde, au service d'une cause, d'une politique, d'un pays, est un problème de gouvernement. »

Pour résoudre ce problème, que faut-il ?

« Il faut avoir une connaissance exacte de la multitude des éléments qui composent et commandent l'opinion européenne et mondiale. »

Cela revient à dire que pour trouver les vrais remèdes, il faut connaître les causes. Le député du Cantal les cherchait ; et, parmi celles qu'il énumérait, il ne craignait pas de désigner des causes occultes.

« Aujourd'hui, écrivait-il, la presse, les agences d'information, l'industrie de la publicité, l'argent, les organisations politiques et religieuses et *d'autres impondérables obscurs ou occultes*, sont des forces qui comptent, pèsent et s'imposent dans l'État. »

Le lecteur voit la conclusion qui découle de là. Parmi les « éléments qui composent et commandent l'opinion », M. de Castellane range les « impondérables, obscurs et occultes », et d'autre part il affirme qu'il faut « avoir une connaissance exacte » de tous ces éléments. Nous pouvons donc dire que, s'engageant dans la voie ouverte par MM. Georges Leygues, André Lefèvre et Poincaré, il pousse un peu plus loin qu'eux. Après que M. Georges Leygues a eu l'intuition d'une « conjuration » de forces occultes ; après que M. André Lefèvre a indiqué que l'âme de cette conjuration doit être dans le gouvernement occulte pangermaniste ; après que M. Poincaré a dénoncé les sociétés secrètes comme organismes employés, le comte de Castellane, constatant l'action d'impondérables obscurs et occultes qui commandent l'opinon, proclame la nécessité d'en acquérir « la connaissance exacte ». Tout cela se tient et s'enchaîne de la manière la plus logique ; surtout pour qui sait que, précisément, les exploiteurs des sociétés secrètes ont fini par faire de celles-ci des écoles clandestines destinées à former des propagandistes.

Cette marche de nos hommes politiques vers une réalité si bien cachée : l'existence d'une guerre occulte, aussi redoutable dans ses effets que la guerre pratiquée sur les champs de bataille — marche en pleine nuit, peut-on dire, étant donnée l'obscurité qui enveloppe encore la question — est tout à l'honneur de la nation française. Elle donne à espérer que cette nation, si décriée, si calomniée par les pangermanistes, mais qui fut tout de même capable de tenir en face d'eux, sur la Marne, le poste d'avant-garde des peuples, qui tient encore aujourd'hui le même poste sur le Rhin, saura tout aussi bien faire ce qui est nécessaire contre les sociétés secrètes.

Un an après avoir publié l'article du comte de Castellane, *Le Matin* en donnait un autre, qu'il plaçait en tête de ses colonnes comme le premier, et dont la direction du journal prenait la responsabilité, car il n'était pas signé. Il portait ce titre : *Défendons-nous contre la propagande « colossale » de l'Allemagne*, et il avait pour sous-titre : *Mais pour cette lutte, il faut non seulement une magnifique organisation, mais des sommes énormes.*

Dans un court préambule, *Le Matin* rappelait
que dans la discussion du budget des Affaires Étrangères, M. Henry de Jouvenel, son rédacteur en chef,
sénateur de la Corrèze, avait précédemment exposé
devant le Sénat le problème de l'insuffisance de
notre propagande au regard de la politique allemande. Il écrivait ensuite :

« Déjà au sein de la Commission des Affaires
Étrangères, le sénateur de la Corrèze avait eu l'occasion de présenter sur ce sujet un important rapport qui avait produit une profonde impression. Ce
sont, en quelque sorte, les bonnes feuilles de ce rapport que M. Henry de Jouvenel apporta hier à la
tribune du Sénat. D'unanimes applaudissements en
saluèrent la conclusion.

« L'Allemagne, disait M. Henry de Jouvenel, en
débutant, est en train de diriger par sa propagande,
un véritable attentat contre l'esprit humain.

« Considérant, suivant la parole d'un de ses écrivains, que la propagande « *est la seule arme qui lui
reste pour préparer sa revanche* » elle a été jusqu'à
créer ouvertement une école de propagande où le
professeur Pflenze *enseigne l'art de mentir* à des
élèves naturellement plein de dispositions pour
cela.

« *On y apprend que le mensonge et la calomnie
sont des « actes pieux » quand ils ont pour but le
bien du pays, que la propagande est l'art de « créer
des suggestions sociales », d'hypnotiser les peuples
à l'aide de certaines formules sans cesse répétées,
telles que celle de l'impérialisme français.* »

Que le lecteur veuille bien rapprocher les lignes

ci-dessus, que nous avons soulignées, de celles de M. Chéradame : « X tonnes de papier imprimé, rédigé avec une habileté suffisante et répandu avec l'intensité voulue et sous les camouflages nécessaires, déterminent chez l'adversaire un détraquement, etc...

M. Henry de Jouvenel continuait ainsi :

« On y apprend aussi à susciter des grèves à l'étranger, à provoquer la contrainte économique au moyen des coalitions patronales. »

Il précisait ensuite que la propagande allemande « a recours à toutes les méthodes, y compris celle de la corruption. Elle connaît et elle applique l'art de varier les mensonges en s'accommodant à l'esprit des pays dans lesquels elle opère. Il y a là un véritable enseignement de la tromperie. Des écoles de voyageurs du germanisme ont été créées pour placer à l'étranger les idées et les mensonges allemands. *La propagande allemande est devenue toute la politique étrangère de l'Allemagne.*

« A côté du ministère des Affaires Étrangères existent d'ailleurs de nombreuses associations de propagande depuis 1922. Elles sont groupées en un cartel unique et mettent ainsi une force considérable au service de l'œuvre allemande à l'étranger. Très habilement, on a placé à la tête du Comité central des sociétés de propagande un Suisse, ce qui lui donne un faux air d'impartialité. »

Qui ne sent que, dans une entreprise de cette nature, l'importance des résultats doit être en rapport avec la puissance de l'organisation occulte sur laquelle nous cherchons à éveiller les curiosités, organisation qui est jusqu'ici totalement inconnue ?

M. Henry de Jouvenel se demande ce que nous avons à opposer à cette organisation qu'il ignore, comme tout le monde.

« A l'heure actuelle, dit-il, la propagande allemande agit sur la presse de tous les pays. Notre agence Havas a dû, par suite de l'élévation du change, restreindre ou supprimer complètement ses services, notamment en Amérique du Sud. Pendant ce temps, l'Allemagne, en dépit d'un change bien inférieur au nôtre, crée partout des services nouveaux d'information. Une agence allemande, sous un nom anglais, l'United Telegraph, menace de s'assurer le monopole de l'information dans la plupart des pays de l'Europe Centrale. Si bien que dans ces pays, si nous ne réagissons pas, le public ne saura bientôt plus que ce que l'Allemagne voudra qu'il sache...

« Il faut donc, pour lutter contre la propagande allemande, que nous développions la propagande française. Notre Commission des Affaires Étrangères étudie un plan d'organisation, mais cela serait insuffisant si le pays tout entier ne nous aidait pas dans notre tâche. Il faut qu'on entende partout notre appel. Le peuple allemand qui a démocratisé le faux, vulgarisé la corruption, professe que la propagande prime la vérité. Voilà sur quel attentat votre Commission des Affaires Étrangères a cru devoir attirer l'attention du Sénat. »

Ainsi se terminait le discours de M. Henry de Jouvenel. Et *Le Matin* signalait que, sur quelques observations, le chef du gouvernement d'alors,

M. Poincaré, intervenant de son banc, avait conclu le débat par ces mots :

« Le service des agences françaises est doté de crédits insuffisants. Les Commissions des Affaires Étrangères du Sénat et de la Chambre ont déjà attiré mon attention sur ce point. Elles ont raison. Un projet de réorganisation est à l'étude. Tous les crédits nécessaires seront alors demandés. »

Ainsi donc, M. Henry de Jouvenel au Sénat, M. de Castellane à la Chambre, M. Poincaré à la Présidence du Conseil, étaient d'accord avec l'auteur de *La Mystification des peuples alliés*. Dans tous les milieux français, l'attention d'un certain nombre de personnalités importantes est éveillée sur la question qui nous occupe : la guerre par propagande, c'est-à-dire la guerre occulte.

CONCLUSION

« Gagner la paix », ce fut une locution courante dès le lendemain de l'armistice, comme si tout le monde avait eu le sentiment qu'en dépit de la cessation des hostilités sur les champs de bataille, la France allait avoir à faire face à des offensives dont on ignorait la nature, mais dont on avait quand même la certitude.

L'instinct de défense nationale ne s'y trompait pas. A la guerre par les armes, que l'Allemagne ne pouvait plus soutenir, allait succéder la guerre occulte.

Rappelons encore une fois le propos tenu par les deux officiers prussiens au commandeur américain Bainbridge :

« C'est après la guerre qu'aura lieu la lutte la plus acharnée. L'arme employée sera la propagande où nous excellons. Nous jetterons les alliés à la gorge les uns des autres, comme une meute de chiens enragés. Et quand la France sera seule dans un coin, nous lui ferons son affaire. »

Tel était l'ultime espoir des chefs pangermanistes. Et pourquoi pas ?

Les Français n'avaient pas idée de cette guerre

occulte dont ils souffrent pourtant depuis un siècle et demi. Guerre de mensonge et de trahison qui se poursuit en pleine paix, par des propagandes dont les sociétés secrètes sont destinées à intensifier les effets. Les chefs pangermanistes étaient fondés à conclure que, précisément à cause de notre ignorance complète en cette matière, nous ne pouvions que succomber.

Toutefois ils ont compté sans les difficultés résultant pour eux de la victoire militaire des alliés.

Ces difficultés demandaient des solutions immédiates. Les chefs pangermanistes avaient à fournir ces solutions sans retard, alors que la guerre de propagande effectuée par l'intermédiaire des sociétés secrètes exige la lenteur. Là était l'obstacle contre lequel ils devaient buter.

Dans tout ce qu'ils ont tenté depuis le mois de novembre 1918, ils ont été obligés d'aller trop vite ; plus vite que ne le permet le système de lutte qui restait seul à leur disposition.

C'est une des raisons pour lesquelles la campagne des *Protocols* a été faite en pure perte.

C'est aussi pour cela que quelques-uns de nos écrivains politiques et de nos gouvernants ont pu constater l'effort de propagande antifrançaise en France et à l'étranger dont il est question dans le chapitre précédent ; effort qui leur aurait probablement échappé si le Pangermanisme avait eu loisir de s'astreindre à la marche lente par quoi se caractérise l'action occulte bien organisée. Maintenant qu'ils ont procédé à cette constatation, il ne leur reste plus qu'à remonter des effets aux moyens de production. Ils toucheront alors le cœur de la question.

Weishaupt l'a dit et expliqué : les sociétés secrètes sont « le moyen UNIQUE, INDISPENSABLE ». C'est donc contre elles que nous avons à tourner notre effort.

Que les chefs pangermanistes fassent ce qu'ils veulent de ce moyen chez eux, nous n'avons rien à y voir. Là n'est d'ailleurs pas le vrai danger. Ce que nous avons à redouter, c'est la propagande faite par eux chez nous, sans qu'on s'aperçoive qu'elle est due à leur inspiration. C'est pour cette propagande-là, jetée par-dessus les frontières, que les sociétés secrètes sont « le moyen unique, indispensable ».

Moyen irrésistible, faut-il ajouter. Et de cela aussi Weishaupt nous a prévenus. Rappelons-nous cette autre parole que nous avons citée de lui :

« A mesure que les sociétés secrètes formées dans les États augmentent en force et en prudence, aux dépens de la société civile, celle-ci s'affaiblit et doit insensiblement tomber. Tous les efforts pour empêcher nos progrès seront donc pleinement inutiles... »

Comment se fait-il que ces organismes disposent d'une telle force ? Quel est le mécanisme invisible qui rend leur action irrésistible et même, nous l'avons dit, automatique, sans que leurs membres ni le public s'en rendent compte ? On ne peut le comprendre pleinement que lorsqu'on possède la théorie de la société secrète. Nous aurons à établir cette théorie en un autre volume.

Nous en avons assez dit en celui-ci pour pouvoir le fermer sur les réflexions suivantes.

Qu'est-ce qui justifie l'existence et le libre fonctionnement des sociétés secrètes, maçonniques ou autres, à l'époque actuelle, en un pays comme la France ?

Rien, absolument rien.

C'est ce que constatait l'un des professeurs qui interrogeaient M. Le Forestier lorsque celui-ci présentait, en Sorbonne, sa thèse sur *les Illuminés de Bavière et la Franc-Maçonnerie allemande.*

« On comprend, disait ce professeur, qu'il y ait eu des sociétés secrètes jadis. Mais maintenant, dans une démocratie, à quoi cela rime-t-il ? »

Cela ne correspond à aucune nécessité. Et cependant, cela existe. Pourquoi ?

Pour cette seule raison :

Parce que certains ennemis de la France savent s'en faire des instruments contre elle ; parce qu'en conséquence, ils veulent qu'il y en ait au milieu de nous et parce qu'ils ont suggéré avec à-propos les prétextes au nom desquels on les a tolérées jusqu'ici.

Alors, vous qui faites partie de celle-ci ou de celle-là, pourquoi y restez-vous ?

Vous, francs-maçons, c'est par fanatisme anticatholique. Estimez-vous donc la cause catholique si bonne, si pure, si haute, que vous ne puissiez l'attaquer qu'à l'abri d'une organisation de dissimulation et de mensonge ? Les luttes de doctrine peuvent être nobles et fécondes. Mais conduites de pareille manière, quelle honte pour vous ! Et encore devriez-vous savoir discerner, avec votre F.·. Papus, que la guerre au Catholicisme n'est qu'une forme de la guerre à la France qu'elle déchire.

Vous, radicaux, qui, dans votre congrès de février 1925, acclamiez votre chef, Président du Conseil des Ministres, lorsqu'il vous disait sa volonté inébranlable de « probité politique », est-il conforme au principe de probité, dans une démocratie, de faire partie d'une société qui s'isole de cette démocratie par une muraille de secret, qui se met ainsi au-dessus d'elle, qui la gouverne sans qu'elle le sache ? Vous vous enthousiasmez au seul appel à la probité, parce que vous êtes Français, et vous ne vous apercevez pas que vous vous faites les prisonniers volontaires d'une organisation d'improbité !

Vous, catholiques, — car il y a des catholiques qui se laissent entraîner dans de pareilles formations, pour le bien, leur dit-on, ou pour défendre le Catholicisme — ne comprendrez-vous jamais que vous outragez vos principes et qu'en même temps vous vous mettez en état d'illogisme, donc d'infériorité, en vous exposant à la nécessité de tromper et de mentir pour défendre votre secret ? Vous faites cela, vous les fidèles d'une doctrine dont la morale peut se résumer en ces principes : honnêteté ! loyauté ! qui, s'ils étaient universellement observés, feraient de notre terre malheureuse un paradis ! Vous faites cela, et vous accusez les francs-maçons !

Et vous, protestants, ces raisons ne devraient-elles pas avoir la même valeur à vos yeux ?

Vous, démocrates, égalitaires, humanitaristes, supranationalistes, vous ne pouvez, vous non plus, donner votre adhésion à des sociétés secrètes, vous ne pouvez accepter leur existence et leur libre fonctionnement, sans piétiner vos principes. Car le propre de ces institutions est de créer deux catégories de citoyens : ceux qui en sont, et ceux qui n'en sont pas ; les seconds trompés et exploités par les premiers ; et ceux-ci trompés et exploités à leur tour par leurs chefs occultes. De sorte qu'en allant au fond des choses, on constate que le seul fait d'un rassemblement en société secrète constitue à la fois un attentat contre chacun des citoyens et un complot contre l'Humanité tout entière, au profit de quelques maîtres-trompeurs.

Vous patriotes, en faisant partie d'une société secrète quelconque, vous travaillez à la construction des conduites souterraines par lesquelles peuvent être introduites, dans votre pays, invisiblement et sous une pression irrésistible, les doctrines destinées à y réaliser une œuvre de destruction comparable à celle des vapeurs asphyxiantes dans nos tranchées pendant la guerre.

Enfin, reste un argument qui, par sa portée morale et sociale, doit peut-être passer avant tous les autres, et que voici.

La fin de la lutte par les armes, c'est le triomphe de la force.

La fin de la lutte par les sociétés secrètes, c'est le triomphe de la fourberie.

Francs-maçons, radicaux, catholiques, protestants, démocrates, humanitaristes, supranationalistes, patriotes, hommes honnêtes de tous les partis, de tous les pays, vous qui ne voulez plus entendre parler de la force que pour la mettre au service du droit, est-ce là ce que, par la plus folle des contradictions, vous souhaiteriez : la domination de la terre et l'exploitation des peuples assurées à ceux qui l'emportent sur tous les autres par leur génie de fourberie ?

Alors, entrez en foule dans les sociétés secrètes, n'importe lesquelles. Vous donnerez ainsi aux grands exploiteurs occultes ce dont ils ont besoin pour vaincre. Car ces Grands-Maîtres en fourberie ne sont vraiment forts que lorsqu'ils peuvent faire manœuvrer des honnêtes gens.

Si, au contraire, vous désirez qu'un si dégradant avenir soit épargné au monde, alors la tactique à suivre est simple.

Puisque ce qui fait la force des grands exploiteurs occultes, c'est l'aveugle adhésion des honnêtes gens, vous n'avez qu'à éclairer ceux-ci. Simple affaire de propagande.

La véritable lutte contre les sociétés secrètes se résume en ces trois mots : empêcher leur recrutement.

TABLE DES MATIÈRES

PREMIÈRE PARTIE

LA QUESTION DES SOCIÉTÉS SECRÈTES POSÉE PAR LES FAITS

CHAPITRE PREMIER

CHAPITRE II

FAITS A L'APPUI DE LA LETTRE A M. LLOYD GEORGE.

DEUXIÈME PARTIE

LE CAS PARTICULIER DE LA FRANC-MAÇONNERIE

CHAPITRE III

UNE ÉNIGME

CHAPITRE IV

L'EFFORT DE LA FRANC-MAÇONNERIE CONTRE LA FORCE MILITAIRE FRANÇAISE AVANT LA GRANDE GUERRE.

CHAPITRE V

COMPLICATION DE L'ÉNIGME

TROISIÈME PARTIE

EXPLICATIONS DU PROBLÈME MAÇONNIQUE TENTÉES JUSQU'A CE JOUR LA MARCHE LENTE VERS LA VÉRITÉ

CHAPITRE VI

LE PROBLÈME MAÇONNIQUE AUTREFOIS ET AUJOURD'HUI

CHAPITRE VII

RENSEIGNEMENTS FOURNIS SUR LA FRANC-MAÇONNERIE PAR LES AUTEURS FRANCS-MAÇONS.

CHAPITRE VIII

EXPOSÉS DES AUTEURS PROFANES
COMMENT ILS DÉGAGENT PEU A PEU LA VÉRITÉ

CHAPITRE IX

L'IDÉE DIRECTRICE
L'HISTOIRE DE LA FRANC-MAÇONNERIE FRANÇAISE EXPLIQUÉE

QUATRIÈME PARTIE

UN FAIT NOUVEAU

CHAPITRE X

UN DOCUMENT FAUX QUI SE TROUVE ÊTRE UN DOCUMENT RÉVÉLATEUR
EN RAISON DE SA FAUSSETÉ

CHAPITRE XI

DOUBLE INTÉRÊT QU'AVAIENT LES CHEFS PANGERMANISTES A LA DIFFUSION
DES PROTOCOLS DES SAGES DE SION

CINQUIÈME PARTIE

LES ENSEIGNEMENTS A TIRER DES FAITS ET L'INSTINCT DE DÉFENSE FRANÇAISE

CHAPITRE XII

LES ENSEIGNEMENTS

CHAPITRE XIII

L'INSTINCT DE DÉFENSE FRANÇAISE

E. GREVIN — IMPRIMERIE DE LAGNY — 1925

LIBRAIRIE ACADÉMIQUE PERRIN ET Cie

Dernières Publications parues

DOTTIN (Paul). John Bull à la découverte de son île. 1 vol. in-16.

DELZOLLIÈS (Germaine). Ce que ma mère allait écouter. 1 vol. in-16.

FALLOUX (Comte de). Mémoires*. *Mémoires d'un Royaliste*. La Restauration. La Monarchie de Juillet. La Révolution de 1848. 1 vol. in-16.

FALLOUX (Comte de). Mémoires**. *Mémoires d'un Royaliste*. La Présidence du Prince Louis Bonaparte. Loi de l'Enseignement. Le Deux Décembre 1851. 1 vol. in-16.

CHARPENTIER (John). Théodore de Banville. L'homme et son œuvre. 1 vol. in-16.

BACON (Alice Mabel). Au Pays des Dieux, traduit de l'anglais par Marc Logé. 1 vol. in-16.

NORMAND (Gilles). Politique et Hommes politiques.
TOME I. — *Les Avenues du Pouvoir*. Esquisse d'un recensement des compétences politiques du temps. 1 vol. in-8° carré.
TOME II. — *Tout le Parlement*. Bibliographies sommaires des Sénateurs et Députés français au 15 Octobre 1924. 1 vol. in-8° carré.

BOUCHARDON (Pierre). *Enigmes et Drames judiciaires d'autrefois*. La Tragique histoire de l'Instituteur Lesnier (1847-1855). 1 volume in-16.

BELLAIGUE (Camille). Paroles et Musique. 1 vol. in-16.

WENTWORTH JAMES (G. de). Une Étrange Veuve, traduit de l'anglais par Marc Hélys. 1 vol. in-16.

LEFEBVRE (Louis). L'Almanach au Bonheur. Poèmes. 1 vol. in-16.

GABORY (Émile). La Révolution et la Vendée. Les Deux Patries. Janvier 1789 à Août 1793. 1 vol. in-8° écu.

GAULTIER (Paul). L'Avenir de la France. Les Maux. Les Remèdes. 1 vol. in-16.

WALPOLE (Hugh). La Cité Secrète, traduit de l'anglais par M. Hentsch et J. Muller-Bergalonne. 1 vol. in-16.

GINISTY (Paul). *Enigmes et Drames judiciaires d'autrefois*. Vie, Aventures et Incarnations d'Anthelme Collet (1785-1840). 1 vol. in-16.

9 782329 042664